子どもの権利条約批准30年と教育法学の課題

日本教育法学会年報

第 54 号

2 0 2 5

有 斐 閣

本書のコピー，スキャン，デジタル化等の無断複製は著作権法上での例外を除き禁じられています。本書を代行業者等の第三者に依頼してスキャンやデジタル化することは，たとえ個人や家庭内での利用でも著作権法違反です。

目　次

会長挨拶 …………………………………………… 安達　和志… 1

研究総会・報告
教育学から見た子どもの権利条約30年 …………… 山本　由美… 5
法律学から見た子どもの権利条約30年 …………… 野村　武司… 22

第1分科会＝教師の専門職性と教員不足
教員養成の構造転換に向けて ……………………… 佐々木幸寿… 44
教育法からみた教員不足問題の射程 ……………… 原北　祥悟… 54
討　論 ……………………………………………………………… 63

第2分科会＝大学法制の変容と学問の自由・大学の自治
国立大学法人と学問の自由、大学の自治 ………… 石川多加子… 70
再考：私立大学における学問の自由・大学の自治 ……… 高津　芳則… 81
討　論 ……………………………………………………………… 91

公開シンポジウム＝子どもの権利条約からみた子ども・学校の現実
子どもの権利条約批准30年と教育法制度構造の質的変容 …… 石井　拓児… 98
子どもの相談救済機関の現状と子どもの権利を基盤とした相談対応
　……………………………………………………… 間宮　静香…110
不登校・登校拒否問題 ……………………………… 熊谷　直樹…120
討　論 ………………………………………………………………129

自由研究
先端技術導入による教育法秩序の構造変容 ……… 斎藤　一久…135
憲法上の「私学」の再検討 ………………………… 川上　大貴…136
埼玉県立高校における男女別学・共学問題「埼玉県男女共同参画
　苦情処理委員による勧告」（2023.8.30）を巡る問題 ……… 江熊　隆徳…137
文科省及び日弁連の「スクールロイヤー」による「代理人」構想の問題点
　……………………………………………………… 五十嵐裕美子…139

韓国における校内暴力の法的概念の拡張とその結果 ………… 金　　　龍 … 140
デンマークにおけるインクルーシブ教育と現場の課題 ……… 内藤　　識 … 142

資料　教育法この１年
教育法令（2024 年 1 月～2024 年 12 月）……………………………………… 145
教育判例（2024 年 1 月～2024 年 12 月判例集登載分）…………………… 153
教育法の研究動向 …………………………………… 田中謙太・原北祥悟
　　　　　　　　　　　　　　　　　　　　　　　鄭　修娟・渡辺暁彦 … 156

学 会 記 事 …………………………………………………………………… 169
第 54 回定期総会の次第／事務総会報告／役員名簿／学会事務局等の構成／日本教育法学会会則／日本教育法学会年報投稿論文審査要綱

編 集 後 記

欧文レジュメ

会長挨拶

会長 安 達 和 志

　第54回定期総会の開催にあたり、ご挨拶を申し上げます。
　本総会は、17年振りに獨協大学において開催することになりました。まず、会場をご提供いただきました同大学および関係者の皆さまに、厚く御礼申し上げます。とりわけ、本学会の安原陽平理事、小島優生会員をはじめ獨協大学の教職員の皆さまには、学会開催の条件整備にご尽力くださいましたことに深甚なる感謝を申し上げます。
　新型コロナウイルス感染症の影響がようやく沈静化しつつあるところから、今回の定期総会も、昨年同様に対面方式で行うこととなりました。混雑回避や作業負担軽減という観点から、受付では参加費のみ徴収するなどの簡略化を図り、また、恒例の懇親会は残念ながら今回も不実施といたしました。会員の皆さまにおかれましては、何とぞご理解を賜りますようお願いいたします。
　次に、悲しいお知らせですが、長年にわたり理事として学会運営に携わられた本学会名誉理事の金子征史先生が、本年2月に逝去されました。金子先生は、ご専門の労働法をベースとして教育労働法の研究に取り組まれ、教育法学の発展に寄与されました。本学会を代表して心から哀悼の意を表したいと思います。
　さて、この1年間の教育法状況を中心に、できるだけ簡潔に4つの項目に絞って所感を述べさせていただきます。
　第1に、本総会の全体テーマにも掲げておりますが、今年は、政府が1994年に子どもの権利条約を批准してから30周年にあたります。この条約の精神が日本社会にどの程度浸透しているのか、また、この条約に示された世界標準に照らして、日本の子どもや学校がどのような実態にあるのかについては、本総会での議論が予定されていますので、ここでは立ち入らないことといたしま

す。ただ1点、国内法の中で、法律の目的規定に「児童の権利に関する条約の精神にのっとり」などの文言を書き込んだものが増加しつつあることが注目されます。2009年に制定された子ども・若者育成支援推進法を皮切りに、2013年の子どもの貧困対策の推進に関する法律、2016年の児童福祉法改正というように、子ども福祉の分野で顕著に明文化されはじめました。教育の分野では、同じ2016年に制定されたいわゆる教育機会確保法の目的規定に初めて登場しましたが、これは例外的です。そして、周知のように2022年のこども基本法にも明記され、これをうけて2023年12月22日に閣議決定された「こども大綱」では、「こどもの権利条約を誠実に遵守する」と謳われています。福祉の分野が先行する形で法律の中にこの条約への言及がなされ、それがこども基本法に入れられたことにより、子どもに関わる法制全般の基本理念に組み込まれたと評することはできますが、学校教育法をはじめ教育関係の法律中にはほとんど規定化されていないことは、大変気になるところです。

　第2に、教師の長時間労働問題への対応に関して、2024年5月13日に、中央教育審議会の特別部会が具体案を盛り込んだ「審議まとめ」を出しました。教師の超過勤務をめぐり無給残業、定額働かせ放題と批判されてきた問題について、いわゆる給特法（教育職員給与特別措置法）の見直し・改正の是非が焦点になっているわけですが、「審議まとめ」では、現行制度の骨格を存置したまま、教職調整額を現状の4パーセントから少なくとも10パーセント以上に引き上げることが必要とされました。これは、昨年出された自民党の提言案をほぼ追認する内容であり、昨年の会長挨拶でも指摘しましたように、あまりにも小手先の弥縫策であって、教師の長時間労働の根本的な是正には役立たないといわざるをえません。加えて、この「審議まとめ」の中では、「教師の職務は、教師の自主的・自律的な判断に基づく業務と、管理職の指揮命令に基づく業務が日常的に渾然一体となっており、正確な峻別は極めて困難。授業準備や教材研究等が、どこまで職務なのか、精緻に切り分けることは困難」として、教師の職務等の特殊性から、勤務時間の内外を包括的に評価する現行のしくみは合理性を有するとの認識が示されています。一方で教師の職務の自発性・創造

性・裁量性を謳いつつ、他方で、それを口実に教師が時間外労働を余儀なくされている実態を容認し、労働者として必要な労働条件の確保を否定しようとすることは大いに問題であり、教師の職務の特質と労働者性の両立をふまえて、現行制度の抜本的な見直しに取り組むことが改めて強く求められます。

　第3に、文科省総合教育政策局・高等教育局の各課長連名で発せられた2024年1月19日付け「国立大学附属学校における適切な教育課程の編成・実施等について」と題する通知について取り上げます。同通知は、「国立大学附属小学校において、学習指導要領に示されている教育内容の実施、教科書の使用及び学校の管理運営に関して適切に実施されていない事案」が判明したとして、国立大学法人の学長宛てに、各附属学校の教育課程の編成・実施や組織・管理運営等に不適切な状況がないか確認・点検し、不適切な事案がある場合にその速やかな是正と文科省への報告を求めることを内容とするものです。これは、昨年5月以来、国立奈良教育大学附属小学校で起きた事案を指しており、教育課程の問題に限定しますと、同小学校の教育において、学習指導要領に示された領域別・分野別の指導時数、指定された履修年次、学習指導要領で示された内容の取扱いに従わない授業があるなどとして、大学の学長が調査委員会を立ち上げて書面調査や聞き取り調査を実施し、学習指導要領の記載を根拠にそれに沿わないものを「不適切」と決めつけて、学長名で改善指示を発出するとともに、関係教師の処分や人事異動を行うこととしたという経緯をたどっています。

　学習指導要領の法的性質については、指導助言文書にとどまると解するのが教育法学の通説であり、最高裁大法廷判決でも大綱的基準とされています。加えて、国立大学附属学校は、もともと教育課程の開発・試行や創意工夫を社会的により多く期待される存在と考えられます。学習指導要領の記載内容を一言一句すべて当然に法規であるかのように見る本件事案と、それを奇貨とした文科省通知の発出は、きわめて異常な動きであると思います。全国的にはあまり報道されていませんが、重要な問題として注意を喚起しなければなりません。

　第4に、大学の自治をめぐる法律改正の動きとして、2023年4月26日に成

立した私立学校法の改正、次いで同年12月13日に成立した国立大学法人法の改正はかなり重大な問題をはらんでいると思います。前者は、学校法人のガバナンス改革を目的とするものですが、理事会に対する評議員会の監視機能を高めるため、学内評議員の数を評議員総数の3分の1以内に制限する内容を含んでいます。また後者は、大規模な国立大学法人を「特定国立大学法人」に指定し、当該法人に学長のほか学外者を含む3人以上の委員でつくる「運営方針会議」の設置を義務づけるものです。いずれも、大学運営に対して学外からの要求や圧力を強めることを企図するものであり、学内構成員の自治を基本として形成・発展してきた大学の自主性・主体性を著しく損なうおそれがあります。学問の自由を制度的に担ってきた大学の自治が危機を迎えていると見るべき状況にあると考えられます。

　以上、駆け足となりましたが、会長としてのご挨拶とさせていただきます。

〔研究総会・報告1〕

教育学から見た子どもの権利条約30年
―― 子どもの意見表明権に着目して ――

山 本 由 美

(和光大学)

I 子どもの意見表明権、関係的子どもの権利論解釈から教育学的課題を検証

　子どもの権利条約を、1994年に日本政府が批准して30年になる。2022年のこども基本法制定を経て今日に至るまで条約批准後の受容の過程を概観しながら、そこにおける教育学的な課題を、子どもの意見表明権に着目して検証することが本稿の目的である。その際、特に、子どもの意見表明権の関係的権利論の視点から検証を試みたい。

　条約12条の子どもの意見表明権の解釈をめぐっては、批准前から政府、特に文部省側と推進運動側に対立が見られた。批准1か月後の1994年5月20日、文部省は「本条約の発効により、教育関係について特に法令等の改正の必要はない」と事務次官通知で表明している。その際、条約12条の意見表明権については、学校において「教育目的を達成するために必要な合理的範囲内で児童生徒に対し、指導や指示を行い、また校則を定めることができるものである」とした上で「表明された児童の意見がその年齢や成熟の度合いによって相応に考慮されるべきという理念を一般的に定めたものであり、必ず反映されるということまでを求めているものではない」としている。[1]

　この背景には、1980年代以降の管理主義的な学校教育、特に校則や内申書の問題に対抗する根拠として、推進運動側が子どもの権利条約、特に12条の意見表明権を掲げていたことが挙げられよう。その際、意見表明権の自己決定権的な解釈が、運動を拡大する際に有効に用いられた。例えば、1986年に日

教組、自治労などを母体に発足し、当時の批准運動を牽引した子どもの人権連は、「子どもは大人と同様に人間である以上、大人が行使している自己決定権を子どもも行使できるはずだ[2]」とする子どもの自己決定権を強調する見解を掲げていた。また意見表明権を根拠とする「学校参加権」への着目も広く共有されていた。[3]

他方、文部省が批准によって「法令等改正の必要はない」としたことで、条約の内容を広く社会に告知することが行われることはなく、条約42条「成人および子どもへの条約広報義務」に著しく反する事態が継続することになっていった。

II　関係的子どもの権利論

そのような自己決定権的解釈の拡大のもとで、それに疑問を呈する形で、関係的子どもの権利に立つ子どもの意見表明権の解釈が世取山洋介によって提唱された。自己決定権的解釈が「子どもの固有の権利」を相対化してしまい、自己責任を求める新自由主義的な解釈と親和性を持つことも批判の論点とされた。

関係的子どもの権利論は、子どもの意見表明権と子どもの成長発達権を子どもの権利の本質としてとらえ、子どもの自己決定、もしくは大人の意思の押し付けのどちらでもなく、子どもをめぐる主体的で相互的な大人との関係性を、意見表明権の本質とみていくものである。子どもの成長発達とは「子どもが外界に対して示す反応に対して大人が対応をし、その対応を子どもが自分の認識の中に統合することにより、子どもが外界に関する認識を発達させていくこと」[4]であると捉えられる。さらに、ある発達段階を終了した子どもは新たに獲得した能力で、次の段階に新たな大人の反応を引き出し、異なる関係の質を生み出す「弁証法的なプロセス」が続けられる。[5]当初から子どもと大人との関係性に着目していた世取山は、2000年頃からヴィゴツキー心理学に基づき、子どもの外界への働きかけと大人の応答による認識発達の理論を根拠としていくようになった。

同解釈を裏付けるかのように、2005年のCRCによる一般的注釈7号「乳幼

児期における子どもの権利の実施」では、「社会的主体」として乳幼児をとらえ、外界に働きかける力と、子どもに日常的に働きかける親、および専門職がそれを受け止める関係性によって子どもの成長・発達する権利が保障されるものであることが確認されている。

Ⅲ　国連子どもの権利委員会「最終所見」と国内の対応

　日本政府は批准後、条約44条「報告審査義務」に応じて、国連子どもの権利委員会（Convention on the Rights of Child、以下CRCと略す。）国内の報告書を提出し、1998年第1回、2004年第2回、2010年第3回、そして2018年第4・5回の「最終所見」を受けている。関係的権利論の視点から日本政府に課された課題に着目してみたい。

　まず第1に、第1回から第4・5回まで「高度に競争的な教育制度」等が子どもにもたらす「発達のゆがみ」（1998年）について一貫した批判が挙げられる。

　「子どもの肉体的および精神的な健康に否定的な影響」がもたらされ、「子どもが最大限可能なまでに発達することを妨げている」（2004年）といった、日本におけるメインストリームの教育制度に対する厳しい批判が指摘された。またそれによって「登校拒否の事例がかなりの数に上る」（1998年）、「就学年齢にある子どものいじめ、精神的障害、不登校、中退及び自殺の原因となる」（2010年）といった子どもの具体的なネガティブな行動が出現していることが指摘された。

　しかしそれに対して「国内法の改正の必要無し」とした日本政府、特に文部科学省（以下文科省と略す。）は一貫して具体的対策をとることはなかった。さらに2017年、第2次安倍政権下では、政府は第4・5回審査に向けた報告書で「仮に今次報告に対して貴委員会が委員会は『高度に競争的な学校環境が修学年齢にある生徒の間で、いじめ、情緒障害、不登校、中途退学、自殺を助長している可能性がある。』との認識を持ち続けるのであれば、その客観的な根拠について明らかにされたい。」（日本政府、最終見解パラグラフ70、71）と、CRC自体に批判的な姿勢を示している。

子どもの問題行動の要因としての競争的教育制度の改善について、政府、文科省が一切対応をしてこなかったことは、国内での民間団体の動向に影響を与えている。

CRCに民間から子どもの権利をめぐる実態を伝えようとする「子どもの権利条約市民・NGO報告書をつくる会」の団体正会員だった、フリースクールを母体とする「登校拒否を考える全国ネットワーク」は、第1回最終所見後、報告書作成の運動に不参加となった。それは、不登校を「競争的な教育制度に起因する発達のゆがみ」としてではなく、むしろ子どもの「自己選択」として積極的に捉えていく運動の方向性を反映していたと思われる。この後、フリースクールなど不登校問題関係者は、2002年以降の内閣府構造改革特区制度を活用し、公費による条件整備を拡充していこうとする側と、既存の教育制度批判を続けていく側に袂を分けていくことになる。この対立は特に2018年の「義務教育の段階における普通教育に相当する教育の機会の確保等に関する法律」（義務教育機会確保法）制定の過程で明確になっていく。しかしその背景には、政府が不登校児童生徒に対する公的な条件整備を怠ってきたことがあることは無視できない。学校の外に不登校の「居場所」を作る動きは、2023年の「誰一人取り残されない学びの保証に向けた不登校対策」（COCOLOプラン）において提起された「不登校特例校」約300校の開設を目指す計画などへと発展していくことになる。

また、同様に既にCRCによって第1回から指摘されてきた「競争的な教育制度」を要因とするいじめについても、その後、文科省はいじめを生み出す「要因」の解明として教育制度自体に着目していくことはなかった。むしろいじめへの「対策」としての「早期発見・予防」などを重点化した「いじめ防止対策推進法」（2013年）の方向に進むことになる。同法は第2次安倍政権下で結成された教育再生実行会議第1次提言「いじめ問題等への対応について」（2013年）を受けて、わずかな回数の審議で法制化されたものであり、そこに展開されたのは、従来の集団的生活指導論などに基づいた教育学理論とは異質のもので、「いじめられている子を守り抜き、いじめる子は毅然とした適切な

指導」といった「個別の加害者と被害者の設定」ゼロトレランス・ポリシーに基づく「厳罰主義」を特色とした内容であった。さらに「心と体の調和の取れた人間の育成に社会全体で取り組む。道徳を新たな枠組みによって教科化し、人間性に深く迫る教育を行う」と、道徳の「特別の教科」化を促し、教育委員会制度「改正」の「根拠」にもされていった。

しかしながら、一貫して指摘され続けた「不登校、いじめの要因としての教育制度」の検証をしてこなかった文科省は、2024年3月、外部委託調査「文部科学省委託事業不登校の要因分析に関する調査研究」（2022年度実施）の中で、初めて「学校」の課題に紐づけした不登校「要因」分析のアンケート調査を行っている。2012年以降、不登校児童生徒数はコロナ禍をはさんで増加し続けている。従来のアンケート調査では、不登校の要因としては「無気力」「不安」といった子ども自体に起因する要因が抽出される傾向があったが、同調査ではそのような要因が「学校風土」に起因するものであることが検証された。その内実としては、「いじめ」「校則」「教師の対応」などと相関があることが指摘された。そして「学校風土の見える化、校則等の見直の推進、快適で温かみのある学校としての環境整備」などが対策として挙げられた。言い換えれば、管理主義的な学校における教師と子どもの関係性の貧困化、希薄化を背景に、不登校問題が生じていることを、「学校風土」という造語を用いながら初めて文科省自体が追認したといえよう。

第2に、2010年の第3回所見で指摘された「大人と子どもの関係」の貧困化による子どもの情緒幸福度の低下が挙げられる。これは、新自由主義的な社会の進展のもとで日本における「子どもと親および子どもと教師の間の関係の貧困さ」が生じ、それが子どもの情緒的および心理的幸福度に否定的な影響を与えているとする指摘であった。ひとり親家庭などに顕著な、経済的な貧困や多忙化などに起因する側面はもちろんであるが、たとえ経済的に豊かな家庭であっても受験競争的価値観の浸透などにより、過度な「期待」がかけられ、子どもをありのままで受け入れることが難しくなっている事態が指摘された。子どもと大人の関係的権利の実現とは真逆の事態が進行しているといえよう。こ

の指摘に対しても、文科省はじめ各省庁は、特に配慮して対策をとることはなかった。

Ⅳ　教育基本法改正と「生徒指導提要」

　第2回国連審査後、2006年に教育基本法が「改正」された。その中で大きな「改正」点でもある、専門職である教師と子どもの関係性に関わる部分に着目してみる。教育基本法2条「教育の方針」の全面削除および10条の教師の「直接責任」性に関わる条文の削除は、「教師と子どもの直接人格的接触」（最高裁学テ判決）[6]によってのみ、1条の「教育の目的」が掲げる「人格の完成」が達成されるという教育条理を否定するものであった。2条は「自他の敬愛と協力によって」、すなわち「教える者と教えられる者同士の尊敬と共同」が学校という「自由な空間」の中で行われる場合のみ、「人格の完成」は達せられるとするものであった。それは、10条1項の教師の直接責任性原則と相まって、子どもの人格の形成には教師の「教育の自由」が欠くことができないものとされることの根拠でもあった。

　このような「教師と子どもの直接的人格接触」を保障する条文に置き換えられたのは、改正2条「教育の目標」における、「道徳」の「法への格上げ」と「態度主義」、改正6条の「学校生活を営む上での必要な規律」に代表されるゼロ・トレランス・ポリシーの導入であった。改正2条の各項は学習指導要領「道徳」の「内容」4領域の配列に沿ったものとなり、2項～5項において「態度を養うこと」が明記された。教師と子どもの画期的な人格的触れ合いによる、子どもの内面に関わる働きかけではなく、目指すべき「行為」「態度」へと一律に「指導」していく方向性が示された。

　ゼロ・トレランス・ポリシーの文科省による日本への移入は、教育基本法改正直前の2005年の文科省プロジェクトチーム「新・児童生徒の問題行動対策（重点まとめ）」に始まったとされる[7]。その後、2006年の「児童生徒の規範意識の醸成に向けた生徒指導の充実について（通知）」、2007年の都道府県教育委員会教育長宛「問題行動を起こす児童生徒に対する指導について（通知）」

等、矢継ぎ早に出されていく。「規範意識の醸成のため」、「きまりや対応の基準を明確化」して「一律厳しい指導」を課していくことが学校現場に求められる。1980年代の判決では文科省自体が批判していた「有形力の行使」による懲戒も「その一切が体罰として許されないものでない」とむしろ活用していくことが示された。

　そのような当時の方針がダイレクトに反映されたのが、2010年に文科省が発行し小学校から高校まで全公立学校に配布した「生徒指導提要」だった。子どもの「規範意識や倫理観の低下」が見られるのに対し、「小学校段階から高等学校段階までの生徒指導の理論・考え方や実際の指導方法について時代の変化に即して網羅的にまとめた基本書が存在」してこなかったことが発行理由として挙げられた。また、学校が「警察や児童相談所など関連機関との連携・協力のネットワークを強化」する必要性が示された。提要は、「いじめの4層構想論」などで知られる社会学者の森田洋司ら26名の「協力会議」によって作成されたが、子どもの権利条約については一切触れられなかった。

　内容的には、生徒指導に際しての「基準の明確化・具体化」といったゼロトレランス・ポリシーの方向性が示され、「校則、社会規範の遵守について適切な指導を行うことは極めて重要」、「校則は意義を有す。」といった、校則重視、厳罰化の記載が盛り込まれた。2020年代になって、まず広島県福山市などで先行的に、「段階的指導」として厳重な罰である「別室指導」の導入が開始され、全国拡大していくことになった。また、1980年代に校内暴力などに対応して厳罰化、管理主義化が進んだ校則については、複数の校則裁判などを経ていったんは沈静化していたものが、2010年代に入ってから、地域性はあるものの再び強化される傾向が強まっていった。

V　こども基本法制定、「生徒指導提要」改訂へ

　2018年、日本弁護士連合会は「スクールロイヤー導入事業」（学校の法務に関する専門的知見を取り入れ、相談・支援により教員の負担軽減を図ろうとする事業）の導入に際して「子どもの最善の利益」の実現を一貫して求めたが、文科

省はこれを受け入れなかった。

　2021年3月2日の「生徒指導提要の改訂に関する協力者会議」第1回で配布された「生徒指導提要の改訂にあたっての基本的な考え方」には、当時のいじめ、「指導死」などの深刻な状況の記載にもかかわらず「子どもたちの基本的な権利の保障について一言も述べられず」という弁護士会代表による指摘がある状況であった。同年10月に愛知県弁護士会は「子どもの権利条約に基づく生徒指導がなされるよう、子どもの権利主体性を踏まえた生徒指導提要の改訂を求める会長声明」（2021年10月22日）を公表し、「生徒指導提要」に子どもの権利条約の理念を盛り込むことを求めている。

　しかし、その後事態は大きく変化していく。2021年12月に「こども政策の新たな推進体制に関する基本方針〜こどもまんなか社会を目指す子ども家庭庁の創設〜」が閣議決定された。同文書では、少子化対策、虐待、いじめ、自殺の増加などを「動機」とする改革の必要性が示され、「こどもの最善の利益を第一に考え、こどもに関する取組・政策を我が国社会の真ん中に据えて」と、「最善の利益」が、さらに「こどもの意見が年齢や発達段階に応じて積極的かつ適切にこども政策に反映されるように取り組む。」と意見表明権の内容が盛り込まれた。加えて「若者の社会参画」が「社会課題の解決に向けた力を自らが持っているとの自己有用感」を高めるといった目的で記載されている。

　2022年6月15日に国会でこども家庭庁設置法とこども基本法が成立し、2023年4月1日から施行されることになった。子どもの権利条約批准直後から、運動の側から「総合的な政策調整や実施を監視するシステム」を求めてきた経緯があった。また野党、日弁連などによる法の対案や審議過程の議論の中で、こどもコミッショナー、オンブズマンなどの制度の導入も求められてきたが、結果的に採用されることはなかった。

　こども基本法1条は「日本国憲法及び児童の権利に関する条約の精神にのっとり」すべてのこどもの「権利の養護が図られ、将来にわたって幸福な生活を送ることができる社会の実現を目指して」「こども施策に関し、基本理念を定め国の責務等を明らかにし」「こども施策を総合的に推進する」ことを目的と

すると定められた。そして、こども施策の実施を国および自治体に求めたうえで、政府全体のこども政策の方針となる「こども大綱」の策定と「こども政策推進会議」の設置などが義務付けられた。

また3条「基本理念」において、理念として4つの「一般原則」、特に「3　その年齢及び発達の程度に応じて、自己に直接関係するすべての事項に関して意見を表明する機会および多様な社会的活動に参画する機会が確保されること」「4　その年齢及び発達に応じて、その意見が尊重され、その最善の利益が優先して考慮されること」と、最善の利益を実現するための意見表明権の尊重が盛り込まれた。ただし、3条5号には、教育基本法10条「家庭教育」の内容と酷似した「父母その他の保護者の」"養育"に対する「第1義的責任」が併せて定められている。教基法の同条同様、父母の権利ではなく「責任」を重視する内容となっている。

さらに2章「基本的施策」において、「こども大綱」「こども政策推進会議」の設置などと併せて11条「こども施策に対するこども等の意見の反映」として「国及び地方公共団体は、こども施策を策定し、実施し、及び評価するに当たっては、当該こども施策の対象となるこども又はこどもを養育する者その他の関係者の意見を反映させるために必要な措置を講ずるものとする。」と、国および自治体にこども施策に子どもの意見を反映させることを義務付ける手続的な規定が盛り込まれた点は大きな意義を持つと言えよう。

これらの内容に関しては、「4原則の配慮のみで具体的な子どもの権利の実現に触れない。権利の実現、擁護、救済等に関わる行政の責務に触れない。」また意見表明権が「当該こども施策の対象となるこども」に限定されるといった批判も挙げられる[8]。しかしながらこれまで具体的に条文化されることのなかった一般原則の4つの基本理念および、それを実現するための手続的規定として意見表明権が明文化されたことの意味は大きいと思われる。

こども基本法に基づき、政府全体のこども施策の方針を定める目的で作成され、採択が閣議決定された「こども大綱」（2023年）にしても、子どもの意見表明権に関しては限定的な説明にとどまった。すなわち、こども・若者の社会

参画・意見反映する「2つの要素」として、その「ニーズをより的確に踏まえることができる」点と「自分の意見が十分に聴かれ、社会に影響をもたらす経験」を得ることで「自己肯定感や自己有用感を得て、民主主義の担い手の育成」につながる点が挙げられるのみであった。ただし、乳幼児期については例外的に、子どもの意見表明権を大人との関係による成長・発達の権利として言及されているのが特徴である。

「こども大綱」については、その審議過程において一部の委員から「こどもの権利の観点をきちんと文言として入れるべき」「こどもは支援を受ける客体ではなく権利の主体」といった批判と事務局への要望が出されていた。委員の間に、子どもの権利についての合意形成が十分に図られていたか疑問が残る。

山岸利次は、「こども大綱」において、例外的に乳幼児期の議論では、意見表明権に基づいた「大人との関係」、成長・発達の権利に基づいた意義付けが認識されている理由として、CRC一般的注釈7号「乳幼児期の子どもの権利の実施」が一定共有化されているからではないかと指摘している[9]。

こども基本法制定の流れを受けて、同年12月に「生徒指導提要」は12年ぶりに改訂された。ここで初めて、子どもの権利条約の内容が盛り込まれることになった。そこでは「1-5 生徒指導の取り組み上の留意点」において「児童生徒の権利の理解」「児童生徒の人権の尊重という場合に、留意すべきは……児童の権利に関する条約、生徒指導を実践する上で児童の権利条約の4つの原則を理解しておくことが不可欠」であるとして、子どもの権利条約の「一般原則」である①差別の禁止、②児童の最善の利益、③生命・生存・発達に対する権利、④意見を表明する。」が掲載された。さらに「同条約の理解は教職員、……に必須」であるとされ、こども基本法3条に4原則の掲示があることも紹介された。

この改訂については、「子どもの権利が単なる留意点」「具体化、策定方針に言及がない」などの不徹底さに対して批判も挙げられる[10]。しかしながら「生徒指導の目的」が改定前の「自己指導能力の育成」「指導・援助するもの」から一転して、「生活指導」は「児童・生徒が自発的・主体的に成長や発達する過

程を支える教育活動」であり「児童生徒一人一人の個性の発見やよさや可能性の伸長と社会的資質・能力の発達を支えると同時に、自己の幸福追求と社会に受け入れられる自己実現を支えることを目的とする。」と、子どもから出発するベクトルに転換した点は大きな変化であった。しかし、まず校則に関しては、「見直しを検討する際にはその過程に児童生徒が参画することは教育的な意義を有する」という記載にとどまった。

Ⅵ 子どもの権利条約とこども基本法の関係

このように、手続的規定として子どもの意見表明権がこども基本法に盛り込まれたのに対し、こども家庭庁設立準備室の同法説明文においては、「こどもの意見表明、非常に大事だという前提で、しかし、そのこどもの、ある意味なんでもかんでもこどもの意見、わがままで全部聞いてそれを受け止めろということではなくて、つまり、4号は、そのこどもの年齢、発達の状況それぞれに応じて意見を尊重するという、そういう基本理念を求めている」[11]と、参議院での提案者説明を引用して、同条を自己決定権的に解釈した上で、それに対する否定、といった政府の立場が批准以来変わらないことが示されている。

参議院審議では、「校則の制定、カリキュラムの編成等は、児童個人に関する事項とは言えず、第12条1項でいう意見を表明する権利の対象となる事項ではない。しかし、児童の発達段階に応じて、校則の見直しにあたり、アンケートの実施や学級会・生徒会での討議の場を設けたり、高等学校において、生徒の選択を生かしたカリキュラムの編成等の工夫を行うなど、必要に応じて、児童の意見を考慮した学校運営を実施している。」との2017年の政府報告書の内容が確認されている。[12]

少なくとも校則は生徒指導の領域に関わる事項であり、こども基本法制定を受けて「生徒指導提要」の内容が速やかに大幅に改正されているのに対して、政府見解が変わらず、校則は「個人に関する事項」ではないので意見表明権の対象となる事項ではない、という見解を踏襲しているのは内容的に矛盾するのではないだろうか。

1994年の事務次官通知以来の立場を遵守するという政府の見解に対して、吉良よし子議員（日本共産党）から「文部省の通知には、この子供の意見表明権について、必ず反映されるということまでをも求めているものではないとはっきり書いて」あり、「この通知は撤回されていないわけですが、こんなふうに必ず反映されるということではないんだといえば、もうどうせ言っても意味がない、子供たち、意見言うことを諦めさせる」と批判的な質問がなされている。それに対して、盛山正仁国務大臣は「文部科学省としては、この事務次官通知は学校での児童生徒の意見を表明する権利を阻害する趣旨のものではない……撤回の必要はない」と答弁している[13]。

　他方、こども家庭庁は、こども基本法における手続的規定として、こどもの意見表明権の行使について新たに積極的に方針を打ち出している。こども家庭庁設立準備室は2022年11月に、各都道府県こども政策担当部局への「事務連絡」として「こども基本法に基づくこども施策の策定等へのこどもの意見の反映について」を通知している。そこには具体的な「こども施策の策定等へのこどもの意見反映に関するQ&A」が添えられている。

　そこではまず、こども施策へのこどもの意見反映について、こども基本法11条を引いて国および自治体に義務付けられことが明記される。そして、具体的にこどもの声をどのように反映していくのか、ヒアリングやアンケートなどの手法、ファシリテーター、サポーターの活用など具体的な方策が盛り込まれる。そして聴取したこどもの意見を実際に反映するかどうかに「当該施策の主たる目的、こどもの年齢や発達の段階、実現可能性などの考慮要素とこどもの意見とを比較衡量」し、「こどもの最善の利益を実現する観点から合理的に判断される。」とする。また、「検討の結果、こどもの意見とは異なる結論が導かれることはあり得」るが、ただしその場合も、「聴いた意見をこどもたちに分かる形で共有・公開すること」「意見が施策に反映されたか、反映が難しい場合もその理由を含め公開する」など「フィードバックの必要性」がある、としている。従来の施策と考慮要素を踏まえた子どもの意見を比較衡量し、たとえ子どもの意見が実現しなかった場合にも、意見表明したことを子どもが積極

的に捉えることができるよう配慮されている。政府見解に見られるような、条約12条を自己決定権的に捉え否定する解釈に対して、子どもの最善の利益の観点から、子どもの意見表明の持つ特性に配慮している点は評価できよう。しかし、子ども施策の計画策定、評価などに子どもの意見が反映されなかった場合、その子ども施策は違法であるか、という質問に対して子ども家庭庁担当者は違法とまで言えないと回答している。

Ⅶ　学校統廃合施策への子どもの意見表明

　近年急増している学校統廃合に対して、子どもの意見表明権が行使されるケースが着目される。学校設置という教育行政の重要な責務に際し関係者の「合意形成」が強く強調されるが、当事者である子どもの意見表明が行われる機会がほとんどなかったこと、また統廃合運動の中で確認されてきた「小規模校の存続[14]」「徒歩通学が子どもの人格形成に持つ意義[15]」などの教育条理が、近年、十分に教育学的な検証をされることなく、なし崩し的に否定され、不十分な根拠のもとに学校統廃合が行われていることなどが背景に挙げられる。

　まず第1に、自治体の子どもの権利に関する条例を根拠としたケースが出現している。

　埼玉県北本市では、2022年の「子どもの権利に関する条例」制定後、議会で小規模校の廃校に際して条例があるのに子どもに意見を聞かないのか、といった意見が出され、その後市として小規模校存続の方針に向かったケースである。また、市内3分1の学校が廃校対象となる統廃合計画が進められる東京都町田市では、2024年3月に「町田市こどもにやさしいまち条例」第6条「こどもの意見表明権」を根拠に、『まちだの新たな学校づくり推進計画』において「子どもの意見表明を求める請願」が出され、市議会において1票差で採択されている。

　第2に、子どもたちが直接各方面に意見表明したケースが挙げられる。高知県四万十市の下田中学の存続を求める運動の中で、親たちの運動を見ていた中学生たちが声をあげている。

2018年、旧中村市地区の8中学校を2校に統合する計画が公表されたが、生徒数約30名の下田中学の保護者、地域住民が署名活動を中心とした運動を進め、一旦は計画を止めた。しかし市当局は、高台にある下田中学校舎に大学の看護学部を誘致する計画を進め、保護者を分断して、2023年度末の統合を決定した。しかし看護学部誘致は文科省認可が下りず、運動側は高台下にある小学校とともに南海トラフ地震の津波被害を避けられる新たな地域拠点として高台に小中一貫校をつくる計画を要望することになった。2023年から、数年にわたる保護者らの運動をみていた2名の中3生を中心に、子どもたちが中学校存続運動を開始する。

　2023年6月、高知県知事宛ての手紙を県知事、県教育長へ小中学生が直接提出した。それを受け6月県議会で「子供たちは当事者でいながら、意見を尊重してもらえない無力感の中、傷つき、大人不信、行政不信となって、知事への手紙になった」との議員の発言に対して、県知事は「違法性がない限り介入できない。」と回答している。

　その後、「こども署名」で小中学生ら41名中35名が「保小中を高台で一貫校に」に賛同したものを、上京して文科省、こども家庭庁の担当者に提出している。子どもの意見表明を激励する担当者が多い中で、文科省の学校統廃合担当者のみは「統廃合には合意形成が必要、それは議会の条例で決定される。」と選挙権のない子どもの固有性に配慮のない回答をしている。さらに、保育園児・小中学生が保護者とともに四万十市長、教育長に面談を行い、「こども署名」を提出し、文科省・こども家庭庁の回答を報告した。11月には中学生2名が市議会に「高台に小中一貫校を」の請願を提出し、併せて地域の区長会も陳情書と署名を提出した。中学生は12月に市議会で陳情発言も行っている。

　統合直前の2月の市長、教育長らとの面談では、これまでの子どもたちの意見表明を市及び教育委員会がどのように受け止め、子どもの最善の利益を実現するためにどのように「比較衡量」しているのか、問いかけた。これまでの意見表明について教育長から「どんな小中一貫校を望んでいるか聞くたびに、小中一緒に仲良く勉強したい、と答えている。それは自分のイメージする小中一

貫校の必要性とはずれている」と、子どもたちの発言を幼稚な言葉に置き換え貶めるような発言が見られた。それに対して中学3年の生徒は、「行政の政策によって校舎を下に下ろされたことが不本意で署名を出したこと、新設の一貫校には補助金も出るし、南海トラフからの安全面や復興のこと、さらには今後入学する子どもたちのことも考えた意見表明を行った」と反論している。

　その後、市議会議長、市長、及び教育長に「こども意見表明に対する対応改善の陳情」および「要望書」が出されたが、その内容は「国が定めた『こども基本法に基づくこども施策の策定等へのこどもの意見の反映について』の規定に沿って意見の聴取、施策との比較衡量判断、結果の報告・公開」を求めるという内容であった。結果的に、2024年3月、下田中学校は休校措置となり、生徒は統合対象の隣接校に通学することになったが、市当局は将来的に高台の旧中学校校舎に保育園と小学校とを移転開設することを公表した。運動側は新校舎への小中一貫校化を要求している。一連の運動について中学生が最も印象に残ったのは、こども署名を支持するために地域住民が署名を開始し、あたたかい言葉をかけてくれたことだったと述べている。

Ⅷ　批准後30年を関係論的子どもの権利論から振り返って

　まず第1に、子どもの意見表明権に関して、文科省が一貫して、当初の「自己決定権」的な解釈にとらわれ、それに対する否定的な立場を取り続けてきたことの問題点は大きいと思われる。その立場にとらわれるがゆえに、子どもの意見表明権の実現に向けた具体的な施策が2022年のこども基本法制定に至るまで十分には行われなかったといえよう。

　特に、2006年の教育基本法改正、2010年の「生徒指導提要」の発行は、関係的子どもの権利論に立つ子どもの意見表明権の実現とは真逆の方向にアクセルを踏むものであったと思われる。

　2022年のこども基本法の制定については、複雑な政治的背景のもとに成立したもので不十分な点が多く指摘されるが、一般的原則の理念と手続きとしての意見表明権が盛り込まれたこと、およびその後のこども家庭庁による意見表

明権の推進施策については、積極的に活用していくことに意義があると思われる。活用を積み重ねることで、こども施策における意見表明権の行使を定着、発展させていくことが望まれよう。その際、具体的なこども施策における子どもの意見表明権の行使のプロセスにおいて、子どもの主体性から出発した大人との関係のあり方、それが子どもの成長・発達にとってどのような意味を持っているのか、理論的深化が求められる。

　国会審議を見る限り、子どもの意見表明権、特に12条1項が校則に適用されない、という点についての見解は維持されている。また、政府は批准時の事務次官通知の見解にとどまると答弁している。こども基本法制定によって、「生徒指導提要」が全面的に改訂されていることなどから、特に校則の位置づけなどについて政府は再検討するべきではないだろうか。

　また、1998年の第1回日本政府審査「最終所見」以来、不登校、いじめなど要因として挙げられ続けた「高度に競争的な教育制度」についても、それを否定するがゆえに教育制度の外に解決を求める方向性を取り続けたことの問題点は大きいと思われる。結果的に、子どもの問題行動の「要因」としての「教育制度」の性質は改善されることはなく、2024年の文科省外部委託調査で初めて「学校風土」に要因があるとする見解が出されるに至った。「学校風土」とは、厳しい校則、教師の対応などを含むまさに競争主義的あるいは管理主義的な学校制度を指した表現であり、教師と子どもの関係性に直接かかわる内容でもある。

　こども基本法に関しては、内容的に不十分な点は多く指摘されるが、一般的原則の理念と手続きとしての意見表明権が盛り込まれたこと、およびその後のこども家庭庁による意見表明権の推進施策については、積極的に活用していくことに意義があると思われる。活用を積み重ねることで、こども施策における意見表明権を定着させていくことが望まれよう。

　　1）　1994年5月20日文初高149号文部事務次官通知「児童の権利に関する条約について」。

2) 世取山洋介「国連子どもの権利委員会『第3回最終所見』の活かし方（講演）」世取山洋介著作集編集委員会編『世取山洋介著作集第1巻 子どもの権利』（旬報社、2024年）153-154頁。
3) 第1回最終所見（1998年）では、「子どもが社会のあらゆる側面、特に学校においてその参加に関する権利の実行に当たって困難に直面している」との指摘もされた。が以降、自己決定権と関係的権利論への着目が強まるとともに、教育学的課題でもある集団的参加について看過されてきた感は否めない。
4) 世取山洋介「子どもの権利論の基本問題をめぐって──『服従かさもなくば関係の質の変革か』」世取山洋介著作集編集委員会編・前掲書（注2）83頁。
5) 世取山洋介「子どもの意見表明権のVygotsky心理学に基づく存在論的正当化とその法的含意」世取山洋介著作集編集委員会編・前掲書（注2）60頁。
6) 最大判昭51・5・21刑集30巻5号615頁。
7) 世取山洋介「ゼロ・トレランスに基づく学校懲戒の変容の教育法的検討」世取山洋介著作集編集委員会編『世取山洋介著作集第3巻 教育法の実践的解釈と新福祉国家構想』（旬報社、2024年）200頁。
8) 児玉洋介「子どもの権利条約批准30年と日本のこども法制──転機の中の『こども基本法』『こども条例』」民主教育研究所年報23（2024年）。
9) 山岸利次「乳幼児期をめぐる今日的課題」発達174号（2023年）8-13頁、山岸利次「子どもの権利と子ども大綱」教育11月号（2023年）59-65頁。
10) 山本敏郎「『生徒指導提要（改訂版）』総論をどう読むか」教育10月号（2023年）。
11) 内閣官房こども家庭庁設立準備室こども家庭庁説明文（2024.4.1参議院）。
12) 児童の権利に関する条約第4・5回政府報告（日本語仮訳）38.（最終見解パラグラフ43, 44）。
13) 第213回参議院法務委員会議案第1号（2022年4月1日）。
14) 文部省は1973年文科省初等中等教育局・文部省管理局長通達「公立小・中学校の統廃合について」の中で「小規模校には、教職員と児童・生徒の人間的なふれあいや個別指導の面で小規模校としての教育上の利点も考えられる」ので「小規模校として存置し充実する方が望ましい場合もある」と小規模校の存続について言及していた。しかし2015年の「公立小中学校の適正規模・適正配置に関する手引き」交付に伴い同通達は廃止されている。ただし「手引き」に小規模校の教育的効果について教育学的な検証は行われていない。
15) 「旧小学校の廃止及び統合小学校の就学指定の各処分の効力が停止された事例」（名古屋高裁金沢支部1976年）判タ342号。

〔研究総会・報告2〕

法律学から見た子どもの権利条約30年
―― 自治体での取り組みを中心に ――

野 村 武 司

(東京経済大学)

I はじめに

本学会総会のテーマとして、子どもの権利条約が取り上げられたのは1991年のことである。日本が条約を批准する前のことであり、条約を踏まえた子どもの権利論、さらに教育法の課題としての子どもの人権の問題について、それぞれ堀尾輝久、兼子仁両会員による報告がなされた[1]。そして、条約が批准された1994年、「国際化時代と教育法」と題する総会において、「子どもの権利条約・人権の原理」として、中村睦男会員の報告がなされている[2]。その後、日本教育法学会年報のタイトルとして「子どもの権利条約」が冠されることはあったが[3]、条約をテーマとした総会報告がなされたことはない[4]。本稿は、子どもの権利条約批准30年にして、条約をテーマとした法律学の観点からの報告であり、改めて、子どもの権利とは何かについて検討を加えた上で、こども基本法下の子どもの権利保障について、現在の地方自治に焦点を当てて検討するものである。

II こども基本法法制と子どもの権利

総会報告のテーマの背景として、こども基本法、こども家庭庁設置法、こども家庭庁設置法の施行に伴う関係法律の整備に関する法律(以下、「整備法」という。)の3法(以下、「こども基本法制」という。)が制定されたことが大きいと理解している[5]。こども基本法に対する評価が、当学会においてもさまざまあることは承知しているが、少なくとも、国連・子どもの権利委員会の過去の総括[6]

所見において、一貫して、日本に、子どもの権利に関する包括的立法がないこと等が指摘されており、その課題に応じる形で、国の法制上子どもの権利保障のスタートラインに立ったことは意義のあることだと考えている。

こども基本法制によって実現される社会を、「こどもまんなか社会」とされたことは記憶に新しい。立法事実として、「少子化対策」が大きいことは、法案審議のために衆議院が作成した資料[7]などで知ることができる一方、国会審議において、担当大臣が、「こどもまんなか社会」について、子どもの権利を保障する社会であると明言したこと[8]、さらに、こども家庭庁設置法、整備法が内閣提出の閣法、こども基本法が与党議員提出の衆法であることを踏まえると、少なくとも、「子どもの権利」は、かつて扱われてきたようなイデオロギー対立の問題ではなく、現実的課題として、かつ共通言語として語ることのできる問題になったと指摘することも可能であり、スタートラインという意味では重要なことである。

もっとも、私たちの社会で「子どもの権利」は用語としては共通であるとしても、理解において共通認識となっているわけではない。こども基本法が、こども施策を通じて、子どもの権利保障に資する「こどもまんなか社会」を実現することを目指すものであるとすると、「子どもの権利」について、共通理解を獲得していくことは重要であり、以下、この点から論じていくこととする。

Ⅲ　子どもの権利とは何か

1　子どもの権利条約と子どもの権利

国連・子どもの権利委員会は、各国の報告書審査のための「報告ガイドライン（reporting guidelines）」（1991年）[9]で、①差別の禁止（2条）、②子どもの最善の利益（3条）、③生命、生存および発達への権利（6条）、④子どもの意見の尊重（12条）を条約の一般原則としている[10]。あらゆる分野において留意しなければいけない一般原則としての位置づけである。わが国の法制度では、自治体の子どもの権利条例も含め、この4つの一般原則を何らかの形で表し、子どもの権利保障に資する法律または条例であることを示すというスタイルをとるの

が通例となっている。

　ところで、子どもの権利条約は、(6条から) 40条までの間に、子どもの権利を具体的に規定しており、これらが子どもの権利であるということができる。しかし、子どもの権利を包括的にかつ総体として理解するという意味では、「子どもの権利はこれら諸権利の束である」というだけでは十分ではない。

　子どもの権利について、ユニセフは、これまで、3つの"P"（provision, protection, participation）、さらには、3つの"P"＋"D（development）"等と表し、最近では、provisionをsurvivalとするなどの工夫を加えており、日本ユニセフ協会もこれに倣ったと思われるが、「生きる権利」、「育つ権利」、「守られる権利」、「参加する権利」と表してきた。しかし、日本ユニセフ協会は、先頃、これら4つの権利は、「4つの原則と紛らわしいこと」、「権利が4つしかないような誤解を招きかねない」等の理由から、子どもの権利をこれら4つで表すことはしないとするに至っている。

　これら4つの権利について、特に、条約40条までの権利の分類概念とすることに対して、かかる理由から批判的にみられており、現に、日本ユニセフ協会が示してきた4つの権利は、それぞれの説明をみる限り、分類概念としてこれを使用していたとみることができる。この4つの権利の考え方は、（未確認ではあるが）イギリスのユニセフの影響が大きいとの指摘もある。ただし、イギリスの近年の子どもへの普及・啓発の資料を見てみると、この4つは確かに使用されているが、例えば、「参加する権利」について、日本では、「自由に意見を表したり、団体を作ったりできること」とされていたのに対して、イギリスでは、「あなたには、どんなふうに感じているかを言う権利があります。そしてそれを聞いてもらえて、真剣に受け止められる権利があります。(You have a right to say how you feel, be listened to, and taken seriously.)」と、条約12条の説明がそのまま記載されていることがわかる。一例ではあるが、4つの権利につき、イギリスにおいて、すでに分類概念は放棄されていると指摘できる[13]。

　いずれにせよ、子どもの権利を総体としてかつ包括的に表すことは、子ども

の権利の普及・啓発、ひいては社会における子どもの権利保障にとって重要なことであり、しかもそれは、子どもの権利の本質的理解に関わる問題である。

2 子どもの権利の理解
(1) 子どもの権利の本源的理解の必要性

「子どもの権利」とは、子どもの人権のことであり、人権としての普遍的価値とともに、子どもの固有性に根ざしたものである[14]。子どもの権利条約は、条約規定としてこれを包括的に定めている。ここで留意すべきは、条文として定められている子どもの権利は、国際社会における実定法制度として規定された「権利」（制度的概念）であり、これは、本源的意味での「権利」（本源的概念）とは概念的に異なる[15]。もちろん、制度的概念としての子どもの権利も、本源的概念としての子どもの権利から派生するものであり、これを内包することになるから、相互に矛盾を来していないことが多く、条文をもって子どもの権利を理解しようとすることに問題があるわけではない。他方で、条約の条文に解釈が生じたとき、あるいは条約の条文には必ずしも規定がないとき、国連・子どもの権利委員会が「一般的意見」（general comments）においてそうしているように、子どもの権利の本源的理解からかかる欠缺を埋めていくのであって、（文理を手がかりにすることはあっても）必ずしも条約の条文の文理が決め手となるものではない。言い方を換えると、条約で規定された権利の束は、本源的概念としての子どもの権利から派生したものであり、厳密には子どもの権利の総体とイコールではない。したがって、条文の分類概念は、その総和が条約の条文の全体になるとしても、子どもの権利の総体を示すものではなく、これをもって本源的概念としての子どもの権利を表そうとすることは困難である。

子どもが、現実の社会において、自らの権利または権利侵害を実感として認識するためには、「条文に照らしてどうか」ということも大切ではあるが、個々の事象にうまく当てはめができない場合もあり、自らの権利がいかなるものであるか捉えきれないまま、権利侵害を見過ごすことにもなり得る。子どもが、子どもの権利を総体として理解することは、（大人についても同様のことが

言えるが）日常のさまざまな出来事について、それが子どもの権利の問題であることに気づく足がかりになるもので、子どもの権利保障にとって極めて重要なことである。その意味で、子どもの権利条約の一般原則を踏まえた上で、さらに、子どもの権利を本源的に総体として示すことが必要であるといえる。

(2) 子どもの権利論のひとつの系譜

子どもの権利とは何かという問題について、堀尾輝久は、ルソー、コンドルセなどを手がかりとしながら、人権の最も基底的なものは「生存」と「幸福追求」にあるとした上で[16]、「人間は人間的環境のもとで、文化との接触のなかで、学習を通して発達する」とし[17]、「学習」を人間の本質と捉え、それは人としての基本的人権である一方で、特に子どもにとって、「人間的な成長と発達の権利と不可分一体のものであり、発達と学習の権利は、おとなと違った存在としての『子どもの権利』の中心をなす」としている。そして、さらに、「教育への権利」としてこれを展開する。ここでいう「教育」は、「私事の組織化としての公教育」のことであり[18]、「子どもの人間的成長・発達」は、親と保育士、教師の共同事業として、「その責任が適切に分有され、それぞれの固有の役割が果たされる中で保障される」としている[19]。

堀尾の子どもの権利論は、子どもは、「生きる」ということ（生命への権利・生きる権利）を基底として、「学習する」ということ（学ぶ権利・学習権）を通じて、人間的成長・発達を獲得していくというものであり、これにふさわしい教育を「求め」、これを「受ける」（教育への権利・教育を受ける権利）という大人との関係性においてこれが実現されていくことをその内実としている。こうした大人との関係性において子どもの権利を理解しようとする試みは、堀尾の子どもの権利論の「継承と発展」という観点も含めて、世取山洋介が、「関係的子どもの権利論」という形でこれを展開している[20]。

子どもの権利条約は、世取山が指摘するとおり、その6条において、「その全面的発達の保障を目的として子どもの生存が保障されなければならないという理」を、生命・生存・発達の権利として「集約的に」定めており、かつ、子どもの成長・発達が、大人の子どもへの人間的な働きかけによって促されてい

くことを踏まえて、条約12条を置いている。これは、国連・子どもの権利委員会が、一般的意見12号で、条約12条（意見を聴かれる子どもの権利）を、「意見を聴かれ、かつ真剣に受けとめられる子どもの権利」という表現も使い、「条約の基本的価値観のひとつを構成するもの」で、「同条はそれ自体でひとつの権利を定めているというのみならず、（一般原則として）他のあらゆる権利の解釈および実施においても考慮される」（パラ2）としている点にも表れている。

ところで、世取山は、子どもの権利の理解について、「子どもの権利の本質を子どもの意思とは無関係に同定される利益に求める権利利益説」と「子どもの権利の本質を子どもの『意思』に求める権利意思説」があると指摘する。前者（権利利益説）は、Freud学説を背景とするもので、家族の自律性（私的自治＝自然）を重視し、国家からの干渉（人為的）を排除（国家はそれを追認）するとともに、子どもが、社会的規範を司る超自我によるイドの制御ができるようになるまでは、権威的な親に対する服従的な関係が必要であるとし、これに対して、後者（権利意思説）は、Piaget学説を背景とするもので、ある一定の年齢以上の子どもは、理性的な判断枠組の発達という点からすると、大人と同様に「自由」の主体たり得るのであり（成熟した未成年）、子どもの自己決定の名の下において、服従的な関係から解放されるとする。ちなみに、その年齢は概ね12歳である。しかし、そのいずれも、「条約12条の本体を正当化し得ないばかりか、条約12条とは相互排他的である」と指摘する。

その上で、「子どもの自己決定でも、子どもの権威的な親への服従でもなく、子どもの大人に対する『依存性』（dependency）ないしは大人との『関係性』（relatedness）を権利として構成すべき」とのMinowの議論も踏まえ、「子どもは、現実の中に埋め込まれ、かつ、現実を認識する主体であり、外界と交通しながら変化させていく主体である」とし、子どもの成長発達は、社会からの子どもに対する一方的強制や、子どもの同化によって進展するものではない。子どもの発達は、子どもが外界に対して示す反応に対して大人が反応をし、その対応を自分の認識の中に統合することにより、子どもが外界に関する認識を発達させていくことで獲得されていく。子どもの発達を権利として保障してい

くということは、大人が、子どもの働きかけに対して、応答的かつ可変的関係を築くことであるとしている[23]。

(3) 子どもの権利とは何か

　生命・生存の保障を基底として、人間的に成長・発達するということは、子どもにとって本質的に重要なことである。子どもの成長・発達は大人との関係において獲得されるものであり、その際、子どもと大人の関係における大人の子どもに対する応答は重要であるが、さらに、子どもの権利主体性を承認し、これを踏まえて「権利である」とするために、「応答しなければならない」ということにとどまるのではなく、「可変性」、すなわち、「大人が変わらなければならない」とする点が重要である。世取山は、条約12条をこのようなものとして理解し、これを「関係的権利としての子どもの権利の理解」（関係的権利論）と呼び、子どもの権利の本源的ものと位置づけている。条約12条を、「意見表明権」とのみ理解する限りは、意見をまとめる力が「何歳か」ということが常に問題になるが、子どもの権利の関係論的理解は、条約12条を中核的な権利と位置づけ、「条約12条は、もっとも幼い子どもでさえ、権利の保有者として意見を表明する資格がある」とする国連・子どもの権利委員会の一般的意見7号（パラ14）を説明しうるおそらく唯一の理解であると言える。

Ⅳ　子どもの権利保障と地方自治

1　こども基本法と地方自治

　こども基本法は、「こども施策に関し、基本理念を定め」、「こども施策を総合的に推進すること」で、子どもの権利保障に資する「こどもまんなか社会」を実現することを目的とする法律である（1条）。「こども施策」については、2条2項で、「こどもに関する施策及びこれと一体的に講ずべき施策」とし、各号の例示も含めてカテゴリーとして概念的に定義していることから、そこには、文部科学省がおおむね引き続き担うこととなった教育を含めて、子どもに関連する施策は、全てこの「こども施策」に含まれるものとみられる。

　ところで、こども家庭庁を設置し、こども施策の多くが同庁に移管等される

ということは、大きな変革ということになるが、実は、個別の法律では、こども施策の実施権限は自治体、なかんずく基礎自治体としており、実施主体が変わるわけではないという点には留意する必要がある。こども家庭庁へのこども施策の移管等は、「省庁縦割り」を解消するということを意味するが、実際の実施主体である自治体が、これまでと変わらずに、個別の法律の論理のみに従って事務事業を実施するのであれば、「省庁縦割り」は解消するかもしれないが、「法律縦割り」は変わらないことになる。

元来、自治体は、こども施策について、国のレベルで所管が分かれていた施策であっても、(教育委員会所管のものを除き) 首長の権限とされており、首長の下で、さらに法律縦割りを排した総合行政を行うことが期待されている。ただし、こども基本法では、自治体に対して、後述の「自治体こども計画」を用意しているものの、地方自治の保障も踏まえて、こうした総合行政を実施するための自治体における具体的な形は特に示していない。その意味で、自治体がこども施策を実施するためには、地方自治的に、子どもの権利条例 (子ども条例) といった条例で形を整えて、こども施策を、子どもの権利保障の論理として総合的に実施することが求められている。

これまで、大多数の自治体は、個別法律に定められた事務事業を、法律に従って、もっぱらその論理の下、法律に定められているとおりに (またはその組み合わせで)、ある意味、「誠実に」実施しており、結果として、「法律縦割り」は自治体の行政文化ともなっている。その意味では、こども施策の実施にとって、こども基本法3条のこども施策の「基本理念」の規定は極めて重要であるが、さらに、これを実現するためには、かかる条例を根拠にした地方自治の力が不可欠であるといえる。

2 こども施策の実施と自治体こども計画、こども等の意見の反映

こども施策を具体的に実施する仕組みとしてこども基本法が用意しているのが、9条の国の「こども大綱」及び10条の「自治体こども計画」(都道府県こども計画、市町村こども計画) である。こうした行政計画手法については、法律

上多用されており、実は、令和2年以降、地方分権改革有識者会議・提案募集検討専門部会でその在り方について議論されてきている[24]。すなわち、国は、（こども施策に限ったことではないが）こども施策について立法する場合、事務事業の実施主体としての自治体に、確実に実施させることの担保として、当該法律に、自治体行政計画について規定することを当たり前のように行っている。しかし、これら計画間の調整はもとより整合性を考えられていることは稀で、自治体の現場では、ほとんど同じ部署数人でいくつもの計画を作るという実態がみられ、単に自治体に負担を強いることだけになっているとの指摘がある。

こうした自治体行政計画の法律ごとの乱立は、特に「法律縦割り」の弊害であり、こうした中、こども基本法に、こども施策全体に係る基本理念が定められたこと、そして、自治体子ども計画を定める10条で、都道府県については4項、市町村については5項で、「一体のものとして作成することができる。」との規定が入ったことの意味は大きい。複数の法定計画を、こども施策の基本理念の下、子どもの権利保障を推進するための計画目標を定め、一体として一つの「自治体こども計画」にする必要がある。

さらに、こども施策に関連して、こども基本法が、こども等の「意見の反映」を義務づけている点には留意する必要がある。こども基本法11条は、こども施策の策定、実施、評価の全ての段階において、こども等の意見を「聴く」だけではなく、「反映する」ことを義務づけている。これは、子どもの権利条約12条を踏まえたものであり、かつ、こども施策の基本理念を強化するものとして評価することができる。

3 こども基本法下における子どもの権利条例とそのかたち
(1) 子どもの権利条例の必要性

上述の通り、こども基本法制ができたことで、こども施策の実施主体である自治体の役割は一層重要になっている。自治体は、これまで、こども施策を、個別法律の論理に従って法律ごとに行えばすんでいた部分があるが、今後は、「こども施策の基本理念」の下、地方自治的に工夫をして、包括的総合的に展

開する必要がある。そのためには、①こども施策の基本理念をもとに、自治体の政策目標と接合した形で、こども施策の目標を定め、こども施策として位置づけられる全ての事務事業を、新規に実施しなければいけない事業も含め、一体として定められる自治体こども計画に落とし込まなければならない。また、②こども施策を実現するために、自治体組織を整え、予算措置を講ずるとともに、③子どもの権利を保障し、さらに促進するための仕組み（こども施策の検証、子どもの権利救済機関）を整えなければならない。さらに、④こども施策の策定、実施、検証に当たって、こども等の意見を反映する仕組みを整える必要がある。

そして、自治体が、これらのことを果たすためには、こども基本法が制定されたということだけでは不十分で、それぞれ子どもの権利条例（子ども条例）を作り、これを根拠として、自治体の資源を活かしながら、地に足の着いたこども施策を包括的総合的かつ具体的に実施する形（しくみ）を整えていくことが最もふさわしい。子どもの権利条例は、総合条例としては、2000年に制定された川崎市の「子どもの権利に関する条例」を先駆けとし、2024年5月現在、約70の自治体で制定または制定が予定されており（子どもの権利条約総合研究所調べ）[25]、こども基本法制定を境として、その動きは加速している。こども基本法下では、条例に基づくかかる「しくみ」は、もはや「標準装備」として求められているといってよい。

以下、子どもの権利条例で定められるべき内容について、いくつかの点について触れておきたい。[26]

(2) 子どもの権利条例と子どもの権利規定

子どもの権利条例に、子どもの権利を具体的に規定するかどうかの問題である。子どもの権利条例において、子どもの権利については、「条約の精神にのっとり」「条約の理念に基づき」などに留め、具体的な権利を示さない方法もありうる。川崎市が、条例において、「人間としての大切な子どもの権利」という章を設けて（2章）、子どもの権利を規定したことを機に、これに倣う形で、子どもの権利条例（子ども条例）で、子どもの権利を定めることがスタンダー

ドになってきている。

　もともと川崎市においては、子どもの権利条約に規定された子どもの権利を繰り返して規定することは困難であり、一部を規定するということになれば、それしか権利がないような誤解を招きかねないということから、子どもの権利のカタログ規定は設けないということでスタートした。しかし、条例案の策定過程で、子ども委員と対話をする中で、当事者である子どもたちが、自らの権利を実感し、日々の生活の中で、権利が保障されているか、おかしなところはないか、権利侵害とは言えないかなどを、大人に判定してもらうのではなく、自ら確信したいとの考えを持っていることが明らかになってきた。そこで当初の方針を改め、規範性を保ちつつ、子どもの権利の「本源的理解」と齟齬を生じない形で、子どもの権利を定めることとした。こうしてできたのが、子どもの権利を総体として示した条例2章である。

　川崎市子どもの権利条例2章では、子どもの権利を、「子どもにとって、人間として育ち、学び、生活をしていく上でとりわけ大切なもの大切なもの」として、①安心して生きる権利、②ありのままの自分でいる権利、③自分を守り守られる権利、④自分を豊かにし、力づけられる権利、⑤自分で決める権利、⑥参加する権利、⑦個別の必要に応じて支援を受ける権利の7つの権利が挙げられている。なお、子どもの権利の総合性、相互関連性を踏まえ、各権利のそれぞれの条文で、権利を表す意味での「……できる。」のあとに、「そのためには、主として次に掲げる権利が保障されなければならない。」として関連する権利を挙げているのが工夫であり、特徴である。

　ところで、川崎市子どもの権利条例の子どもの権利規定について、世取山の批判がある。「川崎市子どもの権利条例は、大人と子どもとの間の日常的な関係の質を改革するということに焦点を当てるのではなく、いかなる関係性であれ、一人にさせてもらえる権利と自己決定権を子どもに与えることによって、それからの離脱を可能ならしめることを『子どもの権利』として提唱している。」として、主として、上記②⑤に対してなされている。しかし、②の「ありのままの自分でいる権利」について言えば、当時の（そして現在の）子ども

が置かれている現実は、少子化が言われているにもかかわらず、人為的に作り出された競争的環境の中で、これに適合した存在として周囲（大人）に評価されんがために、子ども自身がそれを演じなければならず、過大なストレスにさらされている状況にある。そうした環境的価値の中で、子どもがかかる関係性から離れ、自己回復を図り、それが保障されることもまた、日常的な関係の質を改革する意味があるのであって、世取山の批判は当たらない。

他方で、⑤の「自分で決める権利」については、確かに、子どもの権利条約12条を超えて、意見の尊重部分ではなく、意見の表明部分に「年齢と成熟に応じて」と入れるなど、上述の「権利意思説」を採用していると理解可能な条文になっており、批判は真摯に受け止める必要がある。ただ、「ありのままの自分でいる権利」と同様、子どもが自分で決めることすら難しい状況に置かれていることを踏まえると、あらゆる場面で、都度、子どもが決めることを権利で保障することは、子どもの権利条約12条を違えるものではなく、これを踏まえて、（条文には反映されていないが）子どもの意見の尊重が求められているとの理解が可能である。

(3) 子ども参加のしくみ

上述の通り、こども基本法11条は、「こども施策に対するこども等の意見の反映」の規定を設け、自治体に対してもそのための措置を義務づけている。法11条の「意見の反映」について、子どもだけを対象としているわけではないが、基本理念を踏まえて言えば、子ども参加というべきもので、子どもの権利保障の根幹に当たるものとして具体化する必要がある。子どもの権利条例（子ども条例）でこれを規定することはふさわしく、条例を制定している自治体では、「子ども会議」などの規定を設けこれを具体化している。ただし、こども施策に子どもの意見を反映しようとする場合、形式化または形骸化する可能性があることには十分留意する必要がある。単なるイベントにとどまらない子ども参加の仕組みを整えていく必要がある。

なお、こども参加に関連して、イギリス圏では、近年、しばしば、"Lundy Model"[29]が引き合いに出され、実践的に現場で活用されている。子ども参加は、

条約12条を背景にしており、それを実施するためには、①空間（Space）、②声（Voice）、③聴き手（Audience）、④影響（Influence）の4つの要素を考慮する必要があるとするのがそれである。

そして、このモデルは、①として、子どもが意見を形成し、表現するための安全で包括的な機会を提供する場が必要であるとし、②として、子どもの自由な意見の表明のために、意見を聞かれるための支援、子どもが重要なことを自ら取り上げ、意見を表明する手段の提供などが求められるとする。また、③として、大人が子どもの声に耳を傾けることが求められるとし、大人は、子どもに子どもの意見に耳を傾ける準備と意思があることを示し、子どもの意見を聞いて何ができるかを理解できるようにすることが大切であるとしている。さらに、④として、子どもの意見に対して適切な行動をとる必要があるとし、大人は、子どもの意見が大人の決定に対して影響することを示し、フィードバックの方法、子どもの意見が与えた影響についての共有、大人の決定の理由の説明が必要であるとして、実際に実践的に活用されている。

なお、これら4つの要素は、総合に関連していること、①から④は、動的で時系列があり、①と②、③と④は重なり合っており、さらに、条約12条は、その実践において、13条（情報への権利）、5条（大人からのガイダンスへの権利）、19条（安全にいられる権利）、3条（子どもの最善の利益）、2条（差別の禁止）といった他の条項との関連があることなどが指摘されている点も重要である。

(4) こども施策の実施と評価・検証のしくみ

こども施策の総合的実施において、真に子どもの権利保障に資するものとなっているかを評価・検証することが重要かつ不可欠であることはいうまでもない。こども施策の評価は、具体的な手法として、PDCAサイクルを基本として、こども計画に位置づけられた事務事業の実績評価によって行われるが、これまでこうした事務事業の実績評価が個別法律の論理によって立てられた目標値との関係でなされてきた。今後は、さらに事務事業を達成することによって、子どもの権利を保護し促進しているかという効果の指標（子どもの権利保障に即したアウトカム指標）によってなされる必要がある。

政策評価は、数値で表すことのできる定量的評価であれば目標値さえ決まれば容易にできるが、「子どもの権利をいかに保護し促進したか」という定性的な評価は容易であるとはいえず、自治体の政策評価の現場でも避ける傾向にある。子どもの権利保障という点でいうと、数値で表すことのできる目標値（何をするかという「インプット指標」）に従った定量的評価（何をやったかという「アウトプット」の評価）はそれ自体わかりやすく大事ではあるが、それが子どもの権利にどのように影響を与えたかという定性的な効果の評価（どう影響を与えたかという「アウトカム」の評価）と結びつくものでないと意味がない。

　また、そうした評価は、まずは、自治体行政機関の自己評価が大切ではあるが、定性的評価をするためには現場専門性を含む専門性を要する事柄でもあるので、第三者評価が好ましく、その仕組みは、子どもの権利条例で整えられるべきである。また、その際、こども基本法11条に従い、子どもの意見を反映させる必要がある。子ども参加の在り方については上述のとおりである。

(5)　子どもの権利を独立して監視するしくみ

　子どもの権利保障についてこれを独立した立場から監視する仕組み(Independent monitoring)は、子どもの権利条約を批准した国の中核的義務の一つである。いわば、「政府からはちゃんとした距離感を保った子どもの代弁者」としての仕組みで、国連・子どもの権利委員会は、2002年の子どもの権利の保護および促進における独立した国内人権機関の役割についての一般的意見2号でこうした仕組みの設置および運営に関する詳細な指針を示し、2003年の一般的意見5号（「子どもの権利条約の実施に関する一般的措置」）においても、その設置を求めており、特に、2009年の一般的意見12号（意見を聴かれる子どもの権利）では、条約12条の意見を聴かれる子どもの権利が課す、締約国の「中核的義務（Core obligations）」の一つとしてこうした機関の設置を位置づけている。

　こうした仕組みは、国際的には国の仕組みとして約85カ国で採用されているが、日本では、1998年の兵庫県川西市の子どもの人権オンブズパーソン条例の制定以降、子どもの権利条例（子ども条例）を根拠として自治体の子ども

の相談・救済機関（委員または委員会）として広がっており、国際的に特徴的なものとなっている。わが国の法制度では、こども施策の事務事業の権限が自治体にあることを踏まえると、こうした仕組みが自治体から広がったことには意味がある。子どもの相談・救済機関の役割としては、①個別救済、②制度改善、③子どもの権利の普及・啓発を挙げることができ、諸外国の仕組みは②③の傾向が強いのに対して、わが国の場合は、①の傾向が強い。[30]

　課題も見えてきている。国連・子どもの権利委員会のわが国に対する第4・5回の総括所見（2019年）で指摘されていることを踏まえて言うと、[31]委員報酬は低額に抑えられており、独立性を確保した活動をするための財政的裏づけが脆弱であること、活動の要ともいえる委員を補助するいわゆる相談・調査専門員は会計年度任用職員として雇用されることが多く、報酬も低く身分も不安定である点などが挙げられる。また、行政組織上の位置づけも、例えば、こども施策における事務事業を多く所管する子育て支援課などに置かれることが多く、組織を支える事務職員が子どもの相談・救済機関の職員として身分的に専念できないといった課題がある。

　自治体には、教育相談や心理相談、あるいは法律相談を含めた専門相談機関がある。これらは、専門性の反面、（意識しているか否かに関わらず）「それとして相談してください」というメッセージを出しているのに対して、子どもオンブズマンなどの子どもの相談・救済機関は、子どもが権利侵害をそれとして意識することの困難性を賄え、子どもに、「困ったら、つらかったら、気持ちが晴れなかったら相談に来て下さい」とのメッセージを出しており、何の問題であるかは、むしろ相談・救済機関の側が、子どもとの話の中から見立てるという仕組みである点に特徴がある。また、解決に当たっても、基本的に子どもを飛び越えて解決を図ることはせず、「これならできる」と子どもが思えるやり方で解決を図るということを行動指針（「オンブズワーク」といわれることがある。）としており、条例上は、「申立て」「要請」などの仕組みも持っているが、調整活動で解決されることも多い。

　いずれにせよ、自治体の子どもの相談・救済機関は、子どもの人権侵害等の

救済から、こども施策の制度改善まで見通した、こども施策を真に子どもの権利保障のためのものにするためには不可欠の仕組みであり、子どもの権利条例（子ども条例）で位置づける必要がある。なお、こども基本法の制定過程の中で、国のかかる機関（子どもコミッショナーとして議論されてきている。）の設置は見送られた。一部に、自治体に子どもの相談・救済機関が制定されれば足り、国には必要がないとの意見がある。しかし、わが国のこども施策は、自治体にその実施権限があるとしても、これを国の法律で根拠づけるというしくみをとっている。国は、政省令とともに、その実施に当たって多くの通知を出していることも周知のことであり、とりわけ子どもの権利保障を踏まえた制度改善を行う上では、国の問題として取り上げる必要があり、国の子どもコミッショナーは、自治体の相談・救済機関とは異なる意味で必要である。

V　おわりに

　こども基本法制は、2023年4月に施行された。国連・子どもの権利委員会から再三に亘って指摘されてきた「子どもの権利に関する包括的な法律の制定」の課題をひとまず実現したということができるが、ただし、国として子どもの権利保障のスタートラインに立ったにすぎないとの自覚は必要である。

　すでに指摘したように、わが国の法体系では、こども施策は、国の法律によって根拠づけられているものの、その実施権限は自治体、なかんずく基礎自治体にあり、こども基本法では必ずしも示されていないこども施策を推進するための仕組みを、地方自治的に条例で定めていくことが大切である。その意味では、子どもの権利保障にとって、地方自治が鍵になると言えるが、これまで自治体は、国に追随することを「行政文化」としており、法律に基づく個別のこども施策を行っていれば十分だとの意識も強い。こども施策が真に子どもの権利保障のために展開されているかどうかを注意深く見守っていく必要がある。

　また、こども基本法を機に、各地で、子どもの権利条例または子ども条例の制定の動きが高まっていることは歓迎すべきである。しかし、つぶさにみてみると、必ずしも子どもの権利及びこども施策の総合的推進について理解してい

るとは思えない条例も制定されている。改めて、子どもの権利とは何か、これを保障するための総合的施策とは何か、そのために何をすべきかを問い直さなければならない。

　なお、本稿では、「若者」の問題について触れることはできなかった。「若者」の問題は、①子ども期において解消できなかった問題と、②若者固有の問題がある。[32]そのことを十分ことを踏まえた上で、子ども施策と若者施策を混同することなく進める必要があろう。

1）　堀尾輝久「人権と子どもの権利――子どもの権利条約にちなんで」、兼子仁「君が代、学校教育、情報人権」それぞれ、日本教育法学会年報21号（1992年）6頁及び32頁。
2）　中村睦男「子どもの権利条約・人権の原理」日本教育法学会年報24号（1995年）4頁。
3）　「教育参加と子どもの権利条約」をテーマとする1995年の総会では、条約を冠する総会報告はなかったが、分科会報告において、日本教育法学会の子どもの権利特別研究委員会の成果として、条約批准後の国、自治体の役割についての報告がなされている（日本教育法学会年報25号〔1996年〕）。筆者は、自治体における法整備について報告した。
4）　ただし、子どもの権利条約を基礎に据えた報告として、小泉広子「子どもの権利条約の実施義務からみた『こども基本法』の位置と課題」日本教育法学会年報53号（2024年）5頁がある。
5）　「こども」の表記について触れておく。こども基本法は、2条1項で、「心身の発達の過程にある者」として、「こども」の表記を当てている。こども基本法が、子ども・若者育成支援推進法の対象を含むものとのして作られていることを踏まえると、「こども」＝「子ども（18歳未満の者）」＋「（概ね30代までの）若者」と理解することが、法解釈的には正しい。従って、本稿において、法令等の固有名詞についてはそれに従うこととし、それ以外の18歳未満の者ついては、「子ども」の表記を用いることとする。この点について、拙稿「こども政策と若者施策の連続性と固有性」宮本みち子編『子ども若者の権利と政策4・若者の権利と若者政策』（明石書店、2023年）198-199頁を参照されたい。
6）　小泉・前掲論文（注4）など。
7）　衆議院調査局内閣調査室「こども家庭庁設置法案（内閣提出第38号）こども家庭庁設置法の施行に伴う関係法律の整備に関する法律案（内閣提出第39号）に関する資料」。
8）　第208回国会衆議院内閣委員会会議録（2022年4月22日）・野田国務大臣答弁。「こどもまんなか社会とは、常に子供の最善の利益を第一に考えて、子供に関する取組、政

策が我が国社会の真ん中に据えられる社会のことであります。子供が保護者や社会の支えを受けながら自立した個人として自己を確立していく主体、言い換えれば、権利の主体であることを社会全体で認識すること、そして、保護すべきところは保護しつつ、子供の意見を年齢、発達段階に応じて尊重し、そして、子供の権利を保障し、子供を誰一人取り残さず、健やかな成長を後押しする、そんな社会であると考えています。」としている。政府・与党が、子どもの権利について、包括的な意味で、「保障」という用語を用いて言及したことは、これまでなく、「子どもの権利」という用語が、ようやく社会の共通言語になったと指摘することも可能である。

9） 日本はこれまで 5 回分の審査を、4 回受けている。これに対する第 1 回の総括所見は 1998 年に、第 2 回は 2004 年に、第 3 回は 2010 年に、第 4・5 回は 2019 年に公表されている。いずれも、日本弁護士連合会のホームページ「国際人権ライブラリー」で日本語訳も含めてみることができる。

10） 日本語訳として、平野裕二訳がある。http://childrights.world.coocan.jp/crccommittee/guidelines/first_guidelines.htm 参照。なお、本稿における国連関係文書の日本語訳は、平野裕二訳によっている。

11） 平野裕二「資料：国連・子どもの権利条約に掲げられている子どもの権利（分野別）」（note, 2023.12.31；https://note.com/childrights/n/n65a43ff133a2, last visited, 13 December 2024.）。

12） スコットランド・子ども若者コミッショナーのサイトの「子どもの権利について」記述しているページで、「あなたの権利」として例示されているは、「大人があなたの意見を真剣に受け止める権利（your human right to have opinions adults take seriously）」、「大人があなたにとって何が最もよいことかを考える権利（your human right for adults to think about what's best for you）」、「遊んだり、休んだり、リラックスしたりする権利（your human right to play, rest and relax）」の 3 つである（https://www.cypcs.org.uk/more-about-your-rights/, last visited, 13 December 2024.）。また、学習用のシンボルカードでは、条約の条文がカードで示された最後に、「生きること（Survival）」、「育つこと（Development）」、「参加すること（Participation）」、「守られること（Protection）」が挙げられている。このうちの「参加すること」の説明はこの記述のとおりである。https://cypcs.org.uk/wpcypcs/wp-content/uploads/2020/02/UNCRC-Symbols-Cards.pdf, last visited, 13 December 2024.

13） 分類概念としては、国連・子どもの権利委員会が締約国審査に当たっての対話構成（Dialogue Structure）として示しているクラスターがある。締約国の報告書作成を支援する観点から示されているもので、条約の条項を分類したものである。参照、Child Rights Connect, UN Committee on the Rights of the Child NEW – Dialogue Structure；https://crcreporting.childrightsconnect.org/wp-content/uploads/2024/06/CRC-new-dialogue-structure-EN.pdf, last visited, 13 December 2024.、平野裕二「国連・子どもの権利委員会、審査や総括所見で用いる新たなクラスター構成を確認」（平野裕二

note：https://note.com/childrights/n/nf8fbb8021dff, last visited, 13 December 2024.）
14）　堀尾輝久『人権としての教育』（岩波現代文庫、2019 年）55 頁（初出は、1974 年）。
15）　「制度的概念としての人権」と「本源的概念としての人権」については、下山瑛二『人権の歴史と展望』（法律文化社、1972 年）8-9 頁を参考にしている。
16）　堀尾輝久「人権と子どもの権利——子どもの権利条約にちなんで」日本教育法学会年報 21 号（1992 年）13-16 頁、参照。また、堀尾・前掲書（注 14）43-58 頁。なお、ここで堀尾の子どもの権利論を取り上げるのは、国連・子どもの権利委員会の議論を踏まえ、子どもの権利論としての発展可能性に親和性があると考えているからである。注 2 にも言及すべきであるが紙面の関係で割愛する。
17）　堀尾・前掲書（注 14）62-63 頁。
18）　堀尾・前掲書（注 14）5-25 頁。
19）　堀尾・前掲書（注 14）69-70 頁。
20）　世取山洋介「堀尾教育権論の"継承と発展"——共同のための自由と子どもの主体性」世取山洋介著作集編集委員会編『世取山洋介著作集第 1 巻 子どもの権利』（旬報社、2024 年）93-104 頁。なお、世取山は、「堀尾権利理論は現在の姿のまま置いておかれてよいのであろうか。筆者の答えは NO である。」としている。その理由について、同書 100-101 頁。
21）　世取山洋介「子どもの権利（「平和・人権・環境　教育国際資料集」より）」世取山洋介著作集編集委員会編・前掲書（注 20）7-9 頁。
22）　世取山洋介「子どもの意見表明権の Vygotsky 心理学に基づく存在論的正当化とその法的含意」世取山洋介著作集編集委員会編・前掲書（注 20）39 頁。
23）　同上 44-52 頁。
24）　参考、地方分権改革有識者会議・提案募集検討専門部会の第 108 回部会（令和 2 年 8 月 5 日）内閣府ホームページ https://www.cao.go.jp/bunken-suishin/kaigi/kaigikaisai/kaigikaisai-index.html, last visited, 13 December 2024.
25）　子どもの権利条約総合研究所「子どもの権利保障をはかる総合的な条例一覧」https://npocrc.org/comitia/wp-content/uploads/2024/05/jorei2405.pdf, last visited, 13 December 2024. なお、子どもの権利に関する条例は、2000 年に川崎市が制定して以降、子どもの権利条例、子ども条例といった名称で地方自治的に制定されている。こうした条例は、大きく分けて、総合条例、理念条例、救済条例に分類することができる。子どもの権利条約総合研究所は、総合条例を、「子どもの権利保障を総合的にとらえ、理念、制度・しくみ、施策などが相互に補完し合うような内容を備えた条例（たとえば、子どもの権利についての理念や権利の具体的内容、家庭・学校・施設・地域など子どもの居場所・生活の場での権利保障のあり方、子どもの参加や救済のあり方、こども施策の推進や検証のあり方、子どもの権利保障をはかる具体的な制度・しくみなどを規定するもの）。」と定義し、こうした仕組み等を具体的に定めず、子どもの権利について、これを理念としてのみ定める条例を「理念条例」としている。また、子どもの相談・救済機関

の設置のみを定める条例を「救済条例」としている。「救済条例」の代表的例として、1999 年に制定された川西市子どもの人権オンブズパーソン条例がある。
26) あわせて、拙稿「こども基本法で問われる自治体の役割」都市問題 vol.114（後藤・安田記念東京都市研究所、2023 年）13 頁以下を参照されたい。本稿で紙面の都合で割愛した、こども施策と自治体行政組織について論じてある（17-18 頁）。
27) 川崎市は、子どもの権利条例の策定に当たって、1998 年に、「川崎市子どもの権利条例検討連絡会議」を設置し、その下に、「川崎市子どもの権利条例調査研究委員会」を置き、同条例案の起草を行った。著者は、後者において、条例案の起草委員を務めた。本記述は、特に、明確な文書が残っているわけではなく、記憶に基づき記述している。
28) 世取山洋介著作集編集委員会編・前掲書（注20）86 頁。批判は、他の権利規定にも及んでいるが、紙面の関係でここでは論じない。
29) Lundy, L. (2007) ""Voice" is not enough：conceptualising Article 12 of the United Nations Convention on the Rights of the Child", British Educational Research Journal, 33：6, 927-942.
30) あわせて、拙稿「子どもの人権・権利を守る仕組み──国内外での子どもコミッショナー、オンブズパーソンの取り組み」末冨芳編著『子ども若者の権利と政策 1・子ども若者の権利とこども基本法』（明石書店、2023 年）52 頁以下、拙稿「子どもの権利保障と独立した監視機関──国内外での子どもコミッショナー、オンブズパーソンの取組み」東京経済大学現代法学会誌『現代法学』46 号（2024 年）71 頁以下、自治体の実践例も含めて、日本弁護士連合会子どもの権利委員会編『子どもコミッショナーはなぜ必要か──子どもの SOS に応える人権機関』（明石書店、2023 年）も参照されたい。
31) 国連・子どもの権利委員会第 4・5 回総括所見パラ 12。
32) 拙稿「子ども政策と若者政策の連続性と固有性──こども基本法と子ども・若者育成支援推進法」末冨編著・前掲書（注30）200-203 頁。

第 1 分科会

教師の専門職性と教員不足

報告者　佐々木　幸　寿

　　　　原　北　祥　悟

―〔報告1〕―

教員養成の構造転換に向けて
――単純な人材プール方式の限界と教員養成システム改革の視点――

佐々木　幸　寿

（東京学芸大学）

I　教員養成政策の最重要な課題としてのEBPMと教師の需給問題

　学校教育を取り巻く環境が大きく変化しており、それに応対した教師の資質・能力の在り方、多様な専門性を有する教職員集団の在り方、また、教員免許や教員養成の在り方が検討されている。

　教員養成については、時代を超えた共通のテーマとして、優れた資質・能力を有する教師の確保（質の問題）、学校ニーズを対応できる人員の確保（量の問題）をあげることができる。教育政策の役割は、両者を実現するための制度、基準、条件を整備することにある。しかしながら、現実には、前者（質の確保）を追求しながらも、最低限の教育活動を維持するために後者（量的な確保）に確実に対応しなければならない。

　教師の量的な確保の問題は、第一義的には、教員の「需給問題」として理解される。教師の需給問題は教員養成の在り方を左右することになるために、本来、EBPM（エビデンスに基づいた政策形成）の考え方に基づいて、中長期的な推計に基づいてその施策が立案、展開されるべきものであろう。しかし、実際には、教師不足の現実（短期的に対応する必要の顕在化）に至ってから、その対応が講じられることも少なくない。短期的に教師の需給問題に対応するためには、需要側の主な要因である現職教師の年齢構成（退職相当年齢層の多寡）などは政策的にコントロールしにくいことから、具体的な政策としては、ある程度対応可能な供給サイドに焦点化した政策が展開される傾向にある。近年の文部科学省の施策、具体的には、免許更新講習の実質的廃止（研修履歴を活用した資質向上に関する指導助言等の仕組みへの発展的解消）、教職課程認定システムの柔軟化（四年制大学での2種免許取得、小学校専科指導優先実施教科に相当する中学校教員養成課程等における小学校教員養成課程の設置、中学校2種免許状における教科の専門的事項の必要科目の見直し等）、教員採用試験の早期化・複線化（採用試験実施の早期化、多様な試験形態の採用等）、特別免許状に関する運用の見直し（授与基準の改訂等）、教員資格認定試験の拡大などは、教師の量的な確保のための供給促進策であると見ることができる。

　しかし、近年の文部科学省の施策やこれらに続く給特法の教職調整額をめぐる改革、

教職大学院等の奨学金返還免除等[1]は、短期的人材確保策という次元を超え、長期的な「教員供給システムの改革」につらなっているように思われる。つまり、今日の需給問題は、単なる教師不足という需給局面への対応以上のものとして理解する必要があると考えられ、人口急減社会における若年労働力の確保を想定した構造改革の端緒であると考えられる。

Ⅱ　「教師不足」の多様な次元とブラック言説の整理

　「教師不足」が社会的な課題として、マスコミ等で報道されており、また文部科学省もその実態調査（2021年「『教師不足』に関する実態調査」）を行っている。しかし、いわゆる「教師不足」は、学校現場で教員配置に欠員が生じているという現実の欠員を意味しているだけでなく、多様な意味で用いられている。具体的には、教職課程において教員免許状を取得した者の減少（教員となる有資格者数という潜在的レベルにおける教師不足）、教員採用試験における受験者の減少や受験倍率の低下（具体的な次年度の教員志願者の減少という顕在的レベルにおける教師不足）、年度当初の各学校への配置教員における欠員（年度当初における配置基準による教員が現実に配置できないという現実レベルの教師不足）、教員の産休・育休、病気等による休職者などの年度途中の急な補充人員が確保できないこと（予め計画できない欠員などスポットレベルの教師不足）など、その意味するところは多様である。上記の潜在的レベル、顕在的レベル、現実レベル、スポットレベルでは、それぞれ、その不足の意味するものやその性格は異なっている。

　一般には、これらを区別せずに、「教師不足」として扱っている場合も少なくない。この背景には、教職を「ブラック」な職業とする言説の流布があると考えられる。これは、「教師の長時間労働等の厳しい労働環境」→「教職の魅力低下」→「ａ教員免許取得者の減少」「ｂ教員採用試験の倍率低下」「ｃ基準配置教員の欠員」「ｄ急な欠員補充の確保の難しさ」という分かりやすい構図である。概略すれば、ブラック→魅力低下→教師不足というストーリーである。しかし、ここでは、何が「ブラック」なのかということは明確にされておらず、また、教師不足のａ、ｂ、ｃ、ｄのそれぞれの次元は何を意味しているのか、データ等で整理されないままに論じられている。例えば、ブラックといわれる労働環境について、具体的に他の職種との比較をした場合には、給与は生涯収入という点では高い水準にあること、育児休業や有給休暇も取りやすい状況にあること、離職率は他職種と比較して低い水準にあることが確認される一方で、勤務時間については極めて長いという実態が確認される[2]。つまり、教職の現状を、データ等で他の職種との比較で確認すると、「ブラック」というイメージは基本的に労働時間の問題であると言える。

図1 「教師不足」における需給推計と活用する指標、需給関係の特質

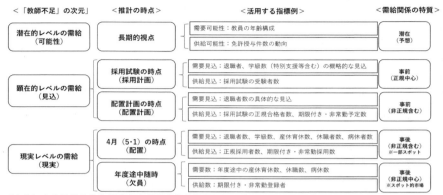

(出典) 東京学芸大学先端教育人材育成推進機構教員需給プロジェクト『教員需給を考える──「教師不足」「ブラック言説」「教職の魅力」──』(学文社、2023年) 82頁。

Ⅲ 教師政策基盤としての人材供給の量的問題の新段階
──人材プール方式の限界──

　いわゆる「教師不足」については、ここでは、特に問題となっている教員採用試験倍率の低下（顕在的レベルの視点）に焦点化して考察する。この指標を通して、現実に、A：大学新卒予定者の教員採用受験者数や倍率が減少・低下しているのかということ、また、それは、B：一般に語られている教職の魅力低下の影響なのか、それとも単なる需給関係の反映であるのかということ、さらには、C：それは最近の短期的な需給のミスマッチであるのか（局面の問題）であるのか、人口急減社会における慢性的な労働者不足（構造の問題）の一環なのかということを活用可能なデータやその分析結果等を踏まえて考察する。

　はじめに、Aについて、近年の教員採用試験の受験者の動向を確認する。「教員不足」が特に深刻であるとされている小学校については、むしろ、新規学卒者の受検者数は減っていない（その一方で、中高については減少傾向を見せているが、大卒求人倍率などとの関連が統計的分析から示唆されている）。小学校の課程認定は、教員養成を主な目的とした設置されていることから、教師志望の明確な小学校特有の課程認定が反映していると考えられる一方で、中高の免許は、主に一般大学・学部で取得されることから、一般的には教職に限らず、民間企業など多様な職業志向の者を広く含んでいることは、大卒有効求人倍率等の相関から示唆されている。

　また、文部科学省が2022（令和4）年9月に発表した「令和4年度公立学校教員採

図 2　22 歳人口の経年変化（左軸）と人口に対する新規学卒受験率（右軸）

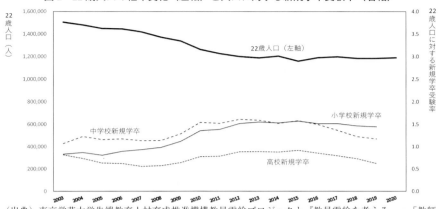

（出典）東京学芸大学先端教育人材育成推進機構教員需給プロジェクト『教員需給を考える——「教師不足」「ブラック言説」「教職の魅力」——』（2023 年）57 頁。

用選考試験の実施状況」についての報告は、採用試験倍率の低下について、「平成12年度以降の採用試験倍率低下は、大量退職等に伴う採用者数の増加と、既卒の受検者数の減少によるところが大きい」「既卒の受検者数の減少傾向は、臨時的任用教員や非常勤講師などを続けながら教員採用選考試験に再チャレンジしてきた層が正規採用されたことにより、既卒の受検者が減ってきている」と分析している。このことは、「教員採用試験の倍率の低下は、既卒者の人材プールをバッファーとして教員需給を調整してきた構造が機能していないことが本質的な要因であることを示している。特に、小学校においては、新規学卒の受験者は基本的に横ばいであることから、新規学卒者の減少というよりは、既卒者プールに依存した需給調整のシステムが機能していないことに本質的な問題があることが看取される。

Ⅳ　将来的な教師の需給ギャップの新段階
——人口急減期の教師政策——

　深刻な「教師不足」（採用試験受験倍率の低下）が指摘されている小学校においては、「既卒者プールに依存した需給調整システム」（限界を超えた需給ギャップに対応できないこと）に、本質的な問題があることに言及した。しかし、次に検討しなければならないのは、それは、このような需給ギャップは一時的な「局面」の問題であるのか、それとも、需給の波に解消できない「構造」の問題であるのかということである。さらには、構造的な問題であるとすれば、それは様々要因があり得るが、ここでは、それは、一般的に広まっている教職の魅力低下という問題になるのか、それとも、

未曾有の人口急減社会が影響しているのかということを検討する必要があるが、前者については、小学校については受験者数が必ずしも減少していないことから、ここでは後者について検討する。

　はじめに需要の視点から将来の教師需給予測（全国）について考えてみたい。教師の需要については、主な需要側の要因である退職者数は教師の年齢構成から相当程度推測可能である（一方で、産休・育休補充、病気休職、特別支援学校の拡大などは、年度によって異なる）。文部科学省調査「公立学校年齢別教員数（令和5年度）」によれば、今後、教師の需要の最大の要因である退職者層は、6年ほど徐々に減少していくが、それ以降に再び増加に転じ、7,8年ほど退職者増が続き、それ以降は一貫して減少していく。また、需要の要因として推計しにくい要素として学級減があるが、児童生徒数の減少に伴い教員定数の減少が起きることが考えられるが、文部科学省の現状の定数維持政策（例　加配措置の拡充）の継続を前提とすれば、その減少は人口減（児童生徒数の減少）よりも緩やかになっていくものと推測される。また、定年延長の影響については、退職者数が一定期間減少することが考えられるが、定年延長の制度化以前に、すでに公的年金の支給開始年齢が65歳へ引き上げられることに伴い、職員の希望に応じて、支給開始年齢にまで再任用すれる制度が設けられており、すでに退職者を継続的に雇用する仕組みがあることから定年延長による教師需要への影響は限定的であると考えられる。また、35人学級の影響については今後中学校への拡大も想定されるが、中期的に教師需要を押し上げる効果があるものも、児童生徒数の減少を考えればその影響は限定的であると考えられる。このように考えれば、基本的に、今後、中期的（今後15年間程度）には、教員需要は、一時的に減少し、その後、増加に転じることが推測される。

　次に、供給の視点から将来の教師需給を考えて見たい。需要に比較して、供給の予測は、需要における教員年齢構成のような長期的に信頼できるデータがないこと、景気動向など不確定な要素が強いこと等により、予測がより困難である。そのようなことを前提としながら一定の予測を試みたい。厚生労働省の「人口動態統計」によれば我が国は長期的に人口減少が避けられない状況となっており、国立社会保障・人口問題研究所「将来推計人口」は2100年頃には6278万人とほぼ半減することが予測されている。大学卒業の年代にあたる22歳人口は今後急激に減少していくことになる（教師の主な供給源は、教職課程の課程認定を受けた大学の学生であり、人口減少は大学卒者数に直接反映するわけではないが、若年労働者の減少は、基盤として教師を含めた人材の動向を大きく左右すると考えられる）。また、従来、教育界において若年層の不足を補ってきた高齢者、女性層についても、再任用等に依存した高齢教員の活用は限界を迎えること、女性就業率も一定程度上昇しすでにその増加も限界に近づいていると言われている。さらに、若年労働力の地域偏在による供給の不均衡、他産

業や民間企業との人材の競合関係は構造的な問題として続くことが予想される。このようなことを考慮すれば、教師の人材供給は、短期的、中期的、長期的のいずれの次元においても、厳しい状況が続くものと考えられる。

需要の側面、供給の側面から検討してきたが、これらを総合に考察すれば、短期的なスパンでみれば、一時期は、需要の減少から教師不足は一旦落ち着く可能性があるものの、中期的には、教師人材の確保が困難となることが予想される。そして、長期的には、「教師の需給問題」という課題は、「長期の人口急減」の問題として捉え直す必要があると言える。

なお、上記の需要と供給についての考察は、限られた資料に基づくものであり、相当の限界があることを断っておきたい（教師の需給について十分な信頼性を備えた分析・考察を行うためには、推計に必要なデータを十分に確保し、より精緻な需給推計を行うことが求められる）。

V 教師の需給問題と教師の職務・資格制度の改革の視点

1 人材確保政策のターゲットとしての働き方改革と処遇改善への社会的合意

いわゆる「教師不足」の議論を契機として、現在、人材確保の観点から、教師の働き方改革、処遇改善の動きが進められている[3]。教師の勤務について、教師の職務の特殊性と職務態様の多様性から「公立の義務教育諸学校等の教育職員の給与等に関する特別措置法」（以下、「給特法」という）が、公立学校教員の勤務と給与の関係について特別に規定している。給特法は、公立学校の教員については、教職調整額（給料月額4％）を支給し、その一方で時間外・休日勤務手当を支給しないとしている（労働基準法32条は労働時間を週40時間、1日8時間に制限し、同法36条はこの上限を超えて労働者を働かせる場合は労使協定の締結すること、同法37条は法定労働時間を超えた部分には超勤手当の支給を義務づけている）。2018（平成30）年には、同法36条が改正され、民間企業等において時間外労働の上限が定められ、地方公務員についても各地方公共団体で超過勤務命令の上限時間を条例等で定めることとされた。それに対して、特別法である給特法が適用されることから、上限規定は適用されない（これに対し、公立学校教員には、指針として、在校等時間の上限時間が定められている）。

このことにより、教師の時間外勤務は、法的には教師の「自発的行為」として位置づけられており[4]、このような位置づけが、勤務時間管理を曖昧にし、長時間労働の温床となっているとの指摘がある。この長時間労働は、基本的には、我が国の教師の職務の特殊性と勤務態様の多様性を反映したものであり、その要因は多様である。具体的には、①教師の職務の広範性、②勤務態様の多様性、③職務行動の協働性、④教師集団のインフォーマルな影響力、⑤研修の権利性と義務性、⑥教師の果たすべき職責

に対する社会的期待などの多様な要素が、教師の「自発的行為」の背景となっている。
　一部において、教師の長時間労働の原因は、給特法にのみあるかのような理解が見られるが、教師の長時間労働の問題は、a：給特法等の法制度、b：管理職のマネジメント、c：教師自身の自己管理能力、d：教師をめぐる教師集団や社会環境など、我が国の学校教育や教師の職務の在り方を踏まえた多面的な取組によって解決されるべき課題である。そのためには、第一義的に、問題解決に向けた教師の担うべき職務内容の整理、多様なチーム構成員による職務分担の適正化、働き方や時間管理に向けた関係者（地域、保護者、教師自身を含む）の責任の在り方など改革の方向性について「社会的合意」の形成と共有が必要とされる。
　なお、教師への人材確保政策について、中央教育審議会や予算編成では、給特法の教職調整額の割合が政策の争点となっているが、教職調整額の問題を長時間労働との関係のみで捉えるのではなく、学校教育における教育活動の在り方と教職調整額の政策的意味を明確にした上で議論する必要がある。教職調整額の仕組みは、教師の職務の在り方、ひいては学校教育の在り方と一体で提起されているものであり、さらには、学校教育システムの持続可能性という長期的な視点から検討されるべきものである。その点で、教師人材の確保の問題は、教職調整額の一側面の議論に矮小化されないように、「学校教育の水準の維持向上のための義務教育諸学校の教育職員の人材確保に関する特別措置法」（以下、「人材確保法」という）の在り方を含め、次代の人材確保の議論と一体で進めるべきものであると思われる。

2　教師の需給問題と資格制度——免許制度改革と人材プール方式

　我が国の教員免許制度は、戦後の教育改革の中で、民主的立法、教職の専門職制の確立、学校教育の尊重、免許の開放制と合理性、現職教育の尊重の柱として成立しており、これらの原則は、いわば教師の資格制度の理念（資格としての機能の在り方）を反映している。そして、その後、同法は、専門職としての人材確保の現実に合わせる形で改正され、変遷してきており、その動きを生み出した大きなダイナミズムは、端的には、教師の需給関係（持続可能性の確保）から派生していることを理解しておく必要がある。
　近年の免許制度に関する改革は、前述したように、免許更新講習の実質的廃止、教職課程認定システムの柔軟化、特別免許状に関する運用の見直し、教員資格認定試験の拡大、さらにはリカレントや社会人導入のための免許改革施策などが次々に打ち出されている。これらは、いわゆる「教師不足」という需給問題の現実に応えようとするものであることは明らかであるが、最近の免許制度に関する改革が、未曾有の規模で進められている点をどのように評価するのかということは重要な視点である。これは、教師の需給ギャップという一時的な「局面」への対応にとどまらない、教師人材

の確保ための「構造」的な対応として再構成していく必要があるのではないかということである。つまり、急激な人口減少社会という跛行的な労働力需給構造の転換期における人材確保政策として免許制度改革を位置づけていくという認識である。具体的に言えば、人材プール方式に過度に依存した教員確保の仕組みの是正を図るための免許制度や課程認定制度の見直しの作業と一体となって進めていくことであると思われる。

Ⅵ　将来を見通した教員養成システム構想
――単純な人材プール方式の修正へ――

　ここまで、いわゆる「教師不足」や教師の需給問題を中心にして、教師の職務の在り方、免許制度の在り方について言及してきた。

　最後に、教師の教員養成システムの将来への見通しについて言及しておきたい。すでに、確認したように、これから我々が迎える人口急減社会における教師の需給の見通しを考えれば、需給ギャップは一時的に緩和することは考えられるが、人口減少や他業種との厳しい競合のために、今までのような「人材プール方式」に依存した需給調整が十全に機能しなくなる可能性が高いことが危惧される。大量の免許発行とそれによって一定の量と質を備えた採用試験受験者、教職待機層を確保しようとする現在のシステムは、早晩限界を迎えることが懸念されるのである。

　ここで重要な知見を確認しておきたい。顕在的レベルの教師需給について、小学校の新規学卒者の教員採用試験受験倍率を例にとって確認すると、教師の不足状況が最も深刻であるとされる小学校において22歳人口に対する新規学卒受験率が低下していないこと、また、小学校においては一種免許発行数に対する教員採用試験の新卒受験者の割合は7割を超えているということである（図3）[6]。あらためて、教員養成を主な目的とした育成システムの意義が確認される。このことは、教師の構造的な需給問題に対応していく上でも、開放性と目的養成の関係を再構築し、次世代型のシステムとしてどのように作り直していくのかということが重要な課題となっていることを示している。

　考えるべき視点としては、①教師だけに依存しない人材システムの形成（多様な教職員集団、チーム学校の形成など）、②潤沢な「人材プール」を前提としたシステムの改善（免許制度・課程認定制度の見直し、データに基づく中長期の教育人材育成計画の策定など）、③教職志望の高いコアな人材への重点化（開放制下における目的養成の再構成など）などがあげられる。①については、現在も、教育人材政策として進行中であるが、人口急減社会において多くの業界で人材確保が全般的に困難になるなかで、学校教育界への人材の流入には一定の限界があり、今後、②、③の視点がより注目される。特に、今後、広く教育人材を確保するために開放制の原則を維持した上

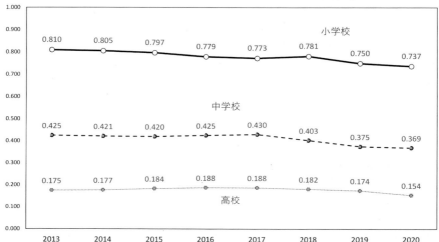

図3　一種免許発行数に対する教員採用試験の新卒受験者の割合

（出典）東京学芸大学先端教育人材育成推進機構教員需給プロジェクト『教員需給を考える──「教師不足」「ブラック言説」「教職の魅力」──』（2023年）59頁。

で、コアな教員志望者や教師としての適性を有する者をターゲットにした政策をどのように展開していくのかということが注目される。そのためには、例えば、養成システムの複線化・多様化、教員養成課程の地域ニーズに応じた計画的拡充、リーダー育成を含む体系的で見通しをもった教師の資質・能力の高度化、EBPMに基づいた国や自治体の育成計画や教員養成への関与の在り方など、新しいシステムを構想する上で乗り越えるべき検討課題を明確にしていく必要がある。

1)　文部科学省総合教育政策局長・高等教育局長通知「優れた教師人材の確保に向けた奨学金の返還支援の在り方について議論のまとめ」（令和6年3月19日中央教育審議会初等中等教育分科会教員養成部会）を踏まえた教師になった者に対する奨学金返還支援に関する周知等について（通知）（令和6年5月9日）は、その意義・目的を、「教職の高度化」（質の向上）と「教師志願者の拡大」（量的確保）としている。
2)　東京学芸大学先端教育人材育成推進機構教員需給プロジェクト『教員需給を考える──「教師不足」「ブラック言説」「教職の魅力」』（学文社、2023年）。
3)　中央教育審議会初等中等教育分科会質の高い教師の確保特別委員会「令和の日本型学校教育」を担う質の高い教師の確保のための環境整備に関する総合的な方策について（審議のまとめ）」令和6年5月13日（2024年）。
4)　中央教育審議会「教職員給与の在り方に関するワーキンググループ」の2006年11月10日開催の第8回会議の資料5「教員の職務について」は、「現行法制上では、超勤4項目以外の勤務時

間外の業務は、超勤4項目の変更をしない限り、業務内容の内容にかかわらず、教師の自発的行為として整理せざるをえない」としている。
5） 特別委員会・前掲（注3）。
6） 文部科学省「令和4年度（令和3年度実施）公立学校教員採用選考試験の実施状況」及び東京学芸大学先端教育人材育成推進機構教員需給プロジェクト・前掲（注2）59頁。

―〔報告2〕―

教育法からみた教員不足問題の射程
―― 教育条件整備研究と教員免許制度に焦点を当てて ――

原 北 祥 悟

(崇城大学)

I　はじめに
―― 本稿の目的と若干の背景 ――

　本稿は、教員不足問題をめぐる議論が各方面で大いに展開されている状況とその特徴を踏まえ、教育法（学）が教員不足問題にどのように接近すべきか――いくつかのアプローチが考えられようが、そのうちの一つとして教育条件整備研究と教員免許制度との接続に焦点を当てながら試論を提示するものである。

　言わずもがな、教員不足問題は大きな注目を浴びている。2022年1月には文部科学省（以下、文科省）が「『教師不足』に関する実態調査」を公表したことも記憶に新しいが、直近では中教審初等中等教育分科会「質の高い教師の確保特別部会」（以下、中教審特別部会）が「『令和の日本型学校教育』を担う質の高い教師の確保のための環境整備に関する総合的な方策について（審議のまとめ）」（以下、審議まとめ）を通じて、教員不足問題に対する一定の見解を提出したところである。むろん、各アクターによる批判的な異議申し立てが現在進行形で行われている。地方自治体も教員不足が生じないよう教員募集・採用に関する独自施策を実施してはいるものの、依然として教員不足は深刻化している。教員不足は子どもたちの学習権を揺るがす大きな現実課題である。

　教育関連学界においても教員不足をテーマに置いた議論が目下展開中である。教員不足を中心に置いた書籍として日本教師教育学会第11期課題研究Ⅲ部編・佐藤仁編著『多様な教職ルートの国際比較――教員不足問題を交えて』（学術研究出版、2024年）が挙げられる他、多くの媒体でも議論されている。とは言え、「教員不足」概念の曖昧さや先行するメディア報道も相まって、教員不足問題をめぐる議論は混沌としている。

　そこで本稿では、まず教員の「何」が不足しているのかという観点から教員不足の言説・実態を整理する。次に、教員定数・配置にかかる教育条件整備研究がいかなる問題関心のもとで展開されてきたのか、その特質を確認する。それを踏まえ、種々の教員不足解消の一手とされている免許外教科担任制度や特別免許状・臨時免許状の運用状況――教員免許制度と教育条件整備研究の接続関係を問う。端的に、教育条件整

備研究において教員免許制度を射程に入れる必要性を提起したい。

Ⅱ 教員の何が不足しているのか
──教員不足の言説・実態──

　まず、文科省「『教師不足』に関する実態調査」（2022年1月）を取り上げる（以下、文科省調査）。本格的に教員不足問題に焦点を当てたはじめての公的調査と言える。ここにおける「教師不足」とは、実際に学校に配置されている教師の数（配置数）が、各都道府県・指定都市等の教育委員会において学校に配置することとしている教師の数（配当数）を満たしていない状態とされる。この定義に沿った「教師不足」の割合は、小学校：0.26％、中学校：0.33％、高等学校：0.1％、特別支援学校：0.26％となっている（2021（令和3）年5月1日時点）。学校現場の感覚から大きく乖離した結果が公表されたことから、文科省調査の問題点はすでに多くの媒体で指摘されているが、本稿で言及しておきたい点は、文科省調査は教員定数（配当数）に対する未配置として教員不足を観測しようとしている点である。

　中教審特別部会の審議まとめでは、種々の理由から教員需要が高まっているのに対して、教員供給の一つであった、これまで継続的に講師等として勤務してきた者の多くが教員採用試験に合格し、講師名簿登録者が減少してきていることに言及している。すなわち、今日の「教師不足」は正規教員の不足ではなく、臨時的任用教員等の非正規教員の不足だとして認識されていると言える。さらに、教員需給の観点に立つがゆえに、そもそも学校に配置する教員数（定数）の規模は妥当なのかといった問いを不問にしている。文科省による調査やそれに基づく認識は、教員不足のごくごく一側面を捕捉しているのみであり、構造的把握に課題を残している。

　佐久間亜紀・島崎直人は教員未配置がいかに生じるのかそのプロセスの把握・分析に取り組んでいる。本研究によれば、教員未配置には4つの段階がある。第一段階は、何らかの理由による本務者の未配置である。その未配置を埋めるために臨時的任用教員や任期付教員を配置するが、その臨任や任期付教員の未配置が生じた時を第二段階と捉えている。さらに、臨任等の抜けた場合、その穴に代替としての非常勤講師を配置しようとするが、その非常勤講師も配置できなかった場合に第三段階となる。第三段階に陥った場合、各学校内の教職員で対応するほか、臨時免許状等も駆使して未配置を回避できるよう奔走する。それでも未配置が続く場合、授業が実施できない等の事態となる。この状態にまで陥った時、第四段階の教員未配置ということになる。本研究は教員未配置がいつ・どのようなプロセスを経て、授業の実施が困難な第四段階の教員未配置にまで深刻化していくのか、その不足の過程を実証的に明らかにしており、教員不足の構造的把握に貢献したと言える。

　また、熊本市教育長である遠藤洋路は自身のブログで、教員不足の構造に関する私

見を述べている。端的に、教員不足は需給構造の問題であることから、文科省が掲げる「(教職の) 魅力をアピールする」ことは解決策なり得ないことを指摘している。教職の魅力化が教員不足解消の手段にはなり得ないとする主張には一定の理解ができる一方で、後述の通り、教員需給という視点はややもすれば今目の前にいる子どもたちの学習権保障が後景に退いてしまうことに留意しなければならない。

　文科省調査を含むこれまでの先行研究の傾向として、教員の数＝「量」的な教員不足に大きな関心を示してきたと言える。先の教員未配置の4段階や教員需給に立脚した教員不足構造の理解は、実際に教員採用の実務に当たる地方教育行政にとっては重要な知見となっているだろう。その一方で、増加・減少や未配置という状態への着目は、あくまで相対的な量的変化の観点から問題性を提示するものであるため、すでに決められた教員定数そのものの妥当性・問題性を問うことに一定の限界がある。

　他方で、「質」的な教員不足に焦点を当てた研究も蓄積されている。榊原禎宏・清水久莉子によれば、ドイツでは日本と同様に量的な教員不足が問題となっているが、それにとどまらず「当該教科の教授能力を有しないと見なされる教員による授業(「教科外」の授業) が存在し」、その数の多さが問題となっていることに焦点を当てている。ドイツでは、「教科外」で担当する教員を対象にした官民研修や書籍・冊子等による支援が展開されているものの、音楽やスポーツを中心に「教科外」の教員による授業が「少なからず行われており、教科及び教科の教授能力の点で疑問や批判が出されている」ことを明らかにしている。榊原・清水は、「教科外」の教員によってその授業が展開されなければならない状況を質的な教員不足として捉え、量的な教員不足に傾斜している先行研究に対して一石を投じたと言える。

　榊原・清水の議論を踏まえ、今日における日本の教員不足状況を改めて捉えなおすと、免許外教科担任制度や特別免許状・臨時免許状制度等の運用によって教授能力を棚に上げることで教員不足を回避している状況だけでなく、教科担任制を取っている中学校・高等学校における教科別教員不足状況の偏在がにわかに顕在化してくる。例えば、2022 (令和4) 年度の中学校における教科別の免許外教科担任の許可件数を確認すれば、技術科：2,024件で一番多く、次いで家庭科：1,887件、美術科：874件となっている上、特別免許状・臨時免許状ともに2020 (令和2) 年度から単調増加を示している。また、小学校の臨時免許状においては5,000件にも迫る勢いであるだけでなく、これまで授与件数が低調のまま推移してきた特別免許状も増加の兆しが確認できる。

　最低限度の専門性保証を制度原理におく免許制度が形骸化しつつある今日の状況は、まさに質的な教員不足として捉えていく必要性があるだろう。先行研究では量的な教員不足という観点から、「定数」を所与の条件に置き、それに対していかに不足しているのか、あるいはいかに埋めていくのかという議論が中心であったように看取され

る。つまり、これまでの教員不足問題は、教授能力を問わず授与する特別免許状や臨時免許状、そして教科別に偏在する（教科）教員不足など、教科別に授与される免許制度との接続関係は十分に意識されていない。特に、中学校・高等学校における教科担当教員の不足を議論する際、量的な側面だけでなく、いわば質的な側面にも着目する必要性を示唆していると言えよう。

　以上から、教員不足はひとまず「量」と「質」で類型することができる。量的側面として、定数に対する未配置状況を挙げることができる。他方、質的側面として、特別免許状や免許外教科担任制度の運用（積極方針も含む）等を挙げることができるだろう。量的側面にかかる問題群を解決するために、定数改善計画の立案、義務教育費国庫負担割合の変更（1/3 → 1/2へ）や公立義務教育諸学校の学級編制及び教職員定数の標準に関する法律（以下、義務標準法）における「乗ずる数」改善等、すなわち国家による財政保障を追及するスタンスが採られている。国家による財政保障を求めるための論理は、これまで教育法学でも教育条件整備論として議論が積み重ねられてきた。しかしながら、十分な財政保障や定数改善の実現が遅々として進んでいない状況下にある。この事態を克服する一つの視点として、質的側面に関する議論―免許制度との接続関係を問う必要性を試論的に提示したい。

Ⅲ　教育条件整備における教員定数・配置の議論
――教育条件整備研究の特質――

　そもそも教育条件整備研究は、子どもたちの学習権を保障するための教員定数やその財政保障に向けた理論的な知見を蓄積してきた。周知の通り、外的事項に関する教育条件整備研究の基礎は1980年代に求めることができる。当時は「地域や学校とともに作る教育条件基準の必要性や、その基準に最低基準という性格を付帯させること等が確認された意義は大きい」と評価されている通り、「基準づくり」に力点が置かれていたようである。それは、そもそも教育条件は、一応のナショナル・ミニマムという客観的基準の維持が、教育の機会均等の原則と関連するところもあり、国の教育条件整備の設置基準、負担等々の検討が不可欠の課題であるとする海老原治善の指摘からも窺える。本稿の関心は教員定数・配置であることから、人的条件整備に焦点を当てていきたい。紙幅の関係から以下では義務標準法に絞って論じていきたい。

　義務標準法は、教育条件のコアに関する最低基準を法定化し、それに基づく条件整備を地方政府に行わせ、かつ、その実施に必要とされる費用の半分を財源として移転すべきことを中央政府に義務付けたという意味で画期的であったと評価されている。しかし同時に、最低基準の設定にあたり、「教育的必要性」のみならず、財政事情をも考慮するという仕組みが組み込まれていたことに限界があるとも指摘されてきた。すなわち、「義務教育について、（中略）その妥当な規模と内容とを保障する」（義務

教育費国庫負担法1条）という「妥当性原則」を採用することによって、少子化に伴う教員数の自然減をどのように埋め合わせするのかという合理化の論理がすでに組み込まれていることを指している[13]。

では、もう一方の「教育的必要性」に立脚した際、義務標準法にはいかなる特徴を見出せるのだろうか。世取山洋介は教育的必要性の内実について「子どもの権利および教育学の最新の成果にもとづいて決定されるべきもので、現段階にあっては、子どもと教師との間の受容的・応答的人間関係、およびこれを基盤にしてはじめて展開することのできる教育・学習の過程の実現に求められる」とする[14]。では、教育的必要性に基づく教員数は具体的にどのように検討し、算出すべきなのだろうか。

その点にかかわり大沼春子は、義務標準法制定当時において標準定数がどのように「必要な教員数」を算出しようとしていたのか、文部省による教員勤務実態調査の実施状況とその調査結果を用いた法案等をもとに検討を行っている[15]。具体的には、必要な教員数は①「教員一人の週当たり授業時数」で②「学校規模（学級数）に応じた総授業時数」を除することで、必要教員数を学校規模ごとに算出する形を採っていることから、①「教員一人の週当たり授業時数」＝「標準指導時数」の内実を明らかにしようとするものである。標準指導時数の検討に当たっては、種々の調査に基づく教員業務の全体量の過重さと内容の多様さを根拠に、複雑ないくつもの業務を適正な負担量で担えるよう進められ、直接指導時数を一日4時間とする標準指導時数が設定されたという[16]。すなわち、標準授業時数を用いることによって教員業務の全体を踏まえた勤務量の適正化という観点から「必要な教員数」を求めていたことが明らかになった[17]。義務標準法における「必要な教員数」はあくまですべての教員の業務量を平均化するような形で算出され、それが教育的必要性に対する当時の一定の回答であったと言える。しかしながら、教科別に授与される免許制度との接続は十分に意識されておらず、いわば量的側面に関する「基準づくり」にのみ力点が置かれていたことになる。大沼はこの点について、「学校の規模や担当学年、担当教科に由来する業務量・内容の差異の存在への十分な配慮」が欠落していたこととともに、特に、「小学校と異なる教科担任制である中学校教員の勤務実態調査がほとんど参照されていなかった」と指摘している[18]。佐藤三樹太郎による「中学校においては教科担任制であるから、理想的には、教科ごとに必要教員数を算定することが望まれるが、財政上の制約をも考慮して、総時間数について平均24時間の割合で教員数を求めることにした」[19]（傍点筆者）との言及をも照らし合わせれば、いわば教員の質的側面——教科別に授与する免許制度という所与の条件が看過されていたことが示唆される。

以上から、人的条件整備研究は教員の量的側面に関心を向けてきたと言える。教育的必要性に基づく教員定数算定においても「教員全体の数」に焦点が当てられていた。歴史的に「基準づくり」が重要な論点であったとはいえ、学級担任制（小学校）と教

科担任制（中学校）とではその内実は異なる。例えば、音楽や美術の免許状を有した教員が見つからないために免許外教科担任制度を利用したり臨時免許状を授与したりすることでその場をしのぐ対応は、教育的必要性の原則から逸脱していると言える。

これまで「必要な教員数」を算出する際、教科担任制への視点が欠落、あるいは停滞していたことは、今日の教員不足の要因にも連なっているのではないだろうか。「教育的必要性」実質化のためにも、教員免許制度との接続関係を視野に入れる必要があるのではないかと考える。

IV 教員免許制度に関する議論と教育条件整備との接続可能性

教育職員免許法は、教職の専門職性を確立・担保するために「大学における教員養成」・「開放制」をその制度原理として採用したものである。そのため、教員免許制度の在り様をめぐっては常に「教職の専門職性」を確立・担保しようとするものであるのかどうかが問われ続けてきた。すなわち、後述の通り、教育条件整備の枠組みというよりも、むしろ教師の地位や身分、もしくは「大学における教員養成」に基づく（大学の）自主性確保の文脈から議論が蓄積されてきたと言える。ただし、教育法学において教員免許法制に関する議論は意外にも多くはない。[20]

以下では『日本教育法学会年報』14号に掲載されている「第三分科会――教員免許法制の理念と改革の課題」の報告から、その議論の傾向を確認していく。先んじてその傾向を指摘しておけば、分科会の設定趣旨もあるかと思われるが、その中心的な論点は「免許基準」についてであった。報告者の一人である土屋基規は教員免許制度の改革課題について考える際の視点を大きく2つ示している。それは①各大学が現行の免許基準のもとで自主的な改革を重ねて、充実した教員養成を行うこと、②教員養成のカリキュラムが各大学の主体性をいかして個性的に編成できるよう法令上の免許基準が画一的に拘束することのないように配慮されていること、の2つである。[21] 換言すれば、大学における教員養成の原則とかかわりながら、その基準を強化する方向に対する批判を中心に展開している。他方、もう一人の報告者であった向山浩子は、教育法学の通説として免許基準は低ければ低いほどよいし、内容的な規制は少ないほどよいという論調に対して、それは究極的には免許法の解消にまで行きつく運命をもっていると指摘する。[22]「大学における教員養成」に基づく自主性をどう確保していくか、ひいてはいかにして専門職性を確立・担保していくかが問われていた。今日の議論と接続しようとすれば、「教職課程コアカリキュラム」のように内容統制が強まっていることには批判的であるべきだが、同時に「大学における教員養成」を経ることなく教職に参入できる特別免許状や臨時免許状の運用実態を踏まえ、教職の専門性確立の観点からあるべき免許基準が検討されなければならないだろう。

以上のように、教員免許法制をめぐってはその基準が中心的論点であり、教育条件

整備論——教育的必要性に立脚した議論とは十分に接続されていないように見受けられる。では、教育条件整備研究において教員免許制度はどのように位置づいていたのだろうか。

兼子仁は将来の日本教育法制において「教育条件基準立法」が制定されることが極めて望ましいと述べている[23]。むろん、教育条件基準を検討するうえで、内的事項の立法化においては教育内容の統制のリスクを伴うことから、やはりその対象範囲は外的事項ということになる。学校教育に関する外的事項について、具体的な内訳として4点を挙げている[24]。①「学習条件——施設設備、通学条件・学校配置条件、学校環境、学校規模・学級規模など」、②「教職員勤務条件——定数、勤務時間制など」、③「教育財政——教育費負担制度、財政決定手続など」、④「教育条件整備計画——当局の策定義務、参加手続など」である。

教員不足に関わる事項は②教職員勤務条件における定数であろう。この定数に関する検討において、免許制度の議論がどのように接続されてきたのか／されてこなかったのかが本稿の関心として重要である。しかし、兼子は、②教職員勤務条件についてその実質は労働条件であり、その確保は職員組合活動による団体交渉事項であるため、基準立法が必要な事項はそれなりに限られると評価した[25]。さらに、免許制度は外的事項として捉えていない。すなわち、学校種別をふくむ学校体系、高校の学区制、教員免許制度、教職員人事、校務分掌、教師研修などを取り上げ、これらは混合事項——多分に教育の内的事項にも内在的にかかわりをもっているゆえに、「すくなくとも当面、教育条件基準立法の対象からははずしておくのが適当だろう」と述べている[26]（傍点筆者）。ここに教育法学における教員定数と教員免許制度との未接続が看取される。

さて、教員免許制度に関する研究は「大学における教員養成」と関連しながら内的事項への介入に対する懸念が中心にあることから、教科ごとの有資格者をどう教員定数・配置に紐づけるかという視点は、管見の限り十分に議論されていない。教科ごとの有資格者をどう定数に紐づけていくかは、教育的必要性に基づく教育条件整備論に重要な意義を付与するはずである。周知の通り、今日の少子化・18歳人口の減少状況は「大学における教員養成」の維持を困難なものへと促している。種々の理由はあるが、いくつかの大学において音楽や美術、技術・家庭科等の実技系教科の教員養成が縮小されつつあり、これまで国は国立大学教員養成系学部入学定員を絞ってきた。少子化に対応した教員需給の調整は行政課題として確かに検討すべき事項であろうが、全体の大学入学定員を絞るということは教科として量的な需要が相対的に低い、いわゆる実技系コースの定員を削減する選択を各大学は取らざるを得ない。世取山が懸念してきた「妥当性原則」が教員免許制度においても進行してきていることに鑑みると、兼子が指摘していた「すくなくとも当面」の時期はとうに過ぎ、教育的必要性原則に立脚して教科ごとに定数を定めていく条件整備基準が求められている。それぞれの教

科ごとに「必要な教員数」を議論することは、なぜ教師には専門資格を公証する免許制度が準備されているのかその原理的（再）検討へとつながっていくだろう。逆説的に述べれば、その議論の空洞化が今日の教員免許状に対する「過剰期待と軽視」というダブルスタンダードを生み出した背景にあり、免許外教科担任制度や特別免許状・臨時免許状制度の常態化という帰結に向かわせるかもしれない。

V　おわりに
――外的事項としての教員免許制度を構想できるか――

　本稿では、教育条件整備研究へ教員免許制度の議論を接続する必要性を試論的に論じてきた。これまで論じてきた通り、免許状が有する最低限度の専門性（とりわけ教科の専門性）とは何かについて、教育的必要性の観点からこぞって明らかにする時期にきているのではないだろうか。専門職性の確立・担保や免許状主義といった原理の重要性は教育法学においても確かに共有されてきたものの、その免許状の内実――教科別に準備されていることや特別免許状・臨時免許状の運用実態と専門職性・免許状主義との関係性――は十分に整理されているとは言えない。それゆえに、少なくとも教員不足という事態が教員免許状（制度）をやすやすと「軽視」するトリガーとなってしまったのではないだろうか。外的事項として免許制度を位置づけていくための理論的検討が今後求められる。

【付記】JSPS 科研費 22K02222 の成果の一部である。

1）　文部科学省 HP「『教師不足』に関する実態調査」https://www.mext.go.jp/a_menu/shotou/kyoin/mext_00003.html, last visited, 1 September 2024
2）　文部科学省 HP「『令和の日本型学校教育』を担う質の高い教師の確保のための環境整備に関する総合的な方策について（審議のまとめ）」https://www.mext.go.jp/b_menu/shingi/chukyo/chukyo3/099/mext_01759.html, last visited, 1 September 2024, p.8
3）　佐久間亜紀・島﨑直人「公立小中学校における教職員未配置の実態とその要因に関する実証的研究」教育学研究88巻4号（2021年）28-42頁。
4）　遠藤洋路（はてなブログ）『教育長ブログ』「なぜ教員不足になるのか？（精神論ではなく需給構造の問題）」（2023年12月21日）https://endohiromichi.hatenablog.com/?page=1703248924, last visited, 20 May 2024
5）　榊原禎宏・清水久莉子「ドイツの初等教育における教員不足問題――量的側面と質的側面」京都教育大学紀要138号（2021年）246-247頁。
6）　同上 250 頁。
7）　文部科学省「令和4年度教員免許状授与件数等調査結果について」https://www.mext.go.jp/a_menu/shotou/kyoin/1413991_00006.html, last visited, 24 May2024
8）　同上。
9）　宮澤孝子『福祉国家型教育財政と教育条件整備行政組織――その理論と法制に関する歴史的

研究』（エイデル研究所、2023 年）15 頁。
10) 海老原治善「Ⅲ 教育政策・教育計画と教育の条件整備」日本教育法学会編『講座教育法第 4 巻 教育条件の整備と教育法』（総合労働研究所、1980 年）44 頁。
11) 世取山洋介「第 1 章 教育条件整備基準立法なき教育財政移転法制──成立、展開、そして、縮小と再編」世取山洋介・福祉国家構想研究会編『公教育の無償性を実現する──教育財政法の再構築』（大月書店、2012 年）62-63 頁。
12) 同上 63 頁。
13) 同上同頁。
14) 世取山洋介「序章 教育という現物給付」同上 17 頁。
15) 大沼春子「義務標準法における教員定数算定方式の成立背景に関する研究──文部省による『標準指導時数』の考案過程に着目して」日本教育行政学会年報 49 号（2023 年）166-184 頁。
16) 同上 177-178 頁。
17) 同上 178 頁。
18) 同上 177 頁。
19) 佐藤三樹太郎『学級規模と教職員定数──その研究と法令の解説』（第一法規、1965 年）124 頁。
20) 久保富三夫「教免法と教特法の変遷と教員養成・研修制度──教育法学の成果と課題──『日本教育法学会年報』掲載論文を中心に」日本教育法学会年報 40 号（2011 年）67 頁や、それを引きながら元兼正浩「教員免許状への過剰期待と軽視に対し教育法学は何を考えるべきか」季刊教育法 217 号（2023 年）90 頁も指摘している。
21) 土屋基規「現行教員免許制度の問題点と改革の課題──国公立大学を中心として」日本教育法学会年報 14 号（1985 年）185 頁。
22) 向山浩子「現行教員免許制度の問題点と改革の課題──私立大学を中心として」同上 198 頁。
23) 兼子仁「教育条件基準立法案をめぐる法制的前提問題の検討」兼子仁・市川須美子編著『日本の自由教育法学』（学陽書房、1998 年）257 頁。
24) 同上 260 頁。
25) 同上同頁。
26) 同上 259-260 頁。
27) 元兼・前掲論文（注 20）84 頁。

―――〔討　論〕―――

教師の専門職性と教員不足

司会　福　嶋　尚　子（千葉工業大学）
　　　棟　久　　　敬（秋田大学）

司会（福嶋尚子）　では、討論に入る。質問は司会の方で読み上げる形で進める。まず1点目は、東京高法研の江熊隆徳会員より「視点が3つ示されているが、その結果として教師の専門職とはどのようなものになるか」という佐々木会員への質問。

佐々木幸寿（東京学芸大学）　印象としては、今まで専門職性が本当に問われてきたのかと思っている。大学における教員養成に対して、現場や国サイドはおそらく不信感を抱いていると思う。学生の実践的な力をどのように育てていくのか、学生自身が生涯の視点から教職を考えさせることができていたのかということについては反省するところである。学生が自分自身を作っていけるようなカリキュラムを教員養成大学で創造していく必要があるといった意味で、今や危機的な状況になって教員養成を担当している自分たち自身を振り返っているのが1つ。それから2つ目に、文科省が言い始めた専門職性の高度化に関する議論は非常に重要であると思っている。私の報告ではリーダー養成という位置づけで言及したがそれがよいということではなく、リーダーに備えるべき資質を身に付けるために高度化するのか、それとも教員の標準として高度化していくのかという非常に重要な議論があるのではないか。

司会　佐々木会員への質問を続ける。大阪大学大学院の寺下岬氏から「免許政策のうち、免許更新制廃止を『配置確保』に分類している点について、廃止に至る文脈には新しい研修制度への移行等も検討されていたかと思うが、こちらの政策を『配置確保』に分類した理由は何か」という質問が1つ。国学院大学の前田麦穂会員より「教員養成のプール方式的発想は根強いものであり、これは多数の候補者から優秀者を選抜することで、教師の『質』を担保するという発想と言えるが、世論では採用倍率の低下が注目されやすく、それ以外の『質』の考え方を提示するのが難しいのが現状である。この考え方を転換するための社会的合意は、どのように形成できるとお考えか。大学での養成等の実質化のアピール等、お考えのことはあるか。また、（国立）大学の役割の分化は、現在進んでいる教員養成フラッグシップ大学の改革と同様のものか、異なるものか」という質問。

佐々木　発表する上でかなり乱暴な分類だったとは思っている。免許更新講習を廃止した文脈だが、これについて、国は政策を強力に推し進めたため、大学は膨大なお金をかけて色々なコンテンツをオンラインで受講できるようにシステムを整備したに

もかかわらず、あっさりやめたということである。私の印象なのかもしれないが、このような文脈から教員不足にどう対応していくのか、免許が更新されないために休眠状態の免許を持った方を現場で活用できないかという思惑があったのが実際ではないかと思っている。他方、管理職と対話しながら自分の研修課題を明らかにして自分で職能開発していくというやり方も同時に提案されているが、それは後から出てきたものだと聞いている。ただこれは文科省も走りながら考えていることで、現場からも相当戸惑いがあったのではないか。そういった意味で即応のための廃止だったと考えている。人材のプール方式についてであるが、これは免許法というものをベースにしているために簡単に修正すらできない。また、現実的に文科省ですらこれを抜本的に変えるような力を持っていない。免許制度そのものを組みかえるというのはかなり厳しいことだと私は思う。ただ、現実的に今の教員不足やこれから来る人口急減社会などを想定すると、今までの基準で免許を出して全国に十分な教員を配置していくことはかなり厳しいのではないか。そのため、今のプール方式は現状としては維持しながら、実態として免許方式や教員定数の仕組みも新しいものに変えていくべきだ。フラッグシップ大学にも言及していただいたが、今の国立大学に対する財政的な支援はもうほとんど無く、最近の物価高、それから若手の労働力の奪い合いなどにより、もうとても国立の自助努力では厳しい。これをそのまま放置すれば、国立ですらもう最低限の単位で免許を出し、それで終わりとする状態になっていってしまう。それをどう改革していくかについてだが、現在の状況下において学内で合意を得て動けるのはある程度規模のある教員養成大学であり、そのような大学が効率的に効果的な教員養成を実質化できるようなシステムを構築していくべきである。そういった意味で、フラッグシップに指定された大学はそれなりの自覚をもって取り組んでいく努力が必要である。教員採用試験を受けてくれるという意味で小学校の教員養成は比較的成功しているため、最初から目的養成に重点を置く仕組みを整備していく必要もあるのではないか。

　司会　佐々木会員への最後の質問になる。大阪大学の髙橋哲会員より「『教職調整額』が給与か手当かで『まったく見方』が異なるとはどういう意味か。教員の職務や法的地位にいかなる違いを生むのか。教員の労働条件の問題は、給与の多寡ではなく、労基法を下回る労働条件に置かれていることにあるのではないか」という質問。

　佐々木　教職調整額の問題とされる4%から10%ということに関しては、おそらく文科省内や財務省とのやり取りで相当真剣な議論が行われていると思われる。国自体がこの物価高で相当予算を積み上げなければならない状況で、巨額の予算を財務省がつけるのかということを私は危惧している。教職調整額から手当に切り替わるということは、もしそういったことがあれば、おそらくこれはもう全く給与水準が実際切り下がるということになる。教職調整額というのは給与、ボーナス、そして退職金や年金に跳ね返るということで、長期的に4%が増殖していく。そのため、生涯でいうと

教員の収入というのはかなり相当な金額になる。例えば、手当からすれば見せかけ上、月4％から10％に上げるとする方が、国全体としての支出は少なくなると思っている。だからこそ、教職調整額の何％ということだけではなくて、教職調整額の意味を考えていく必要があるのではないか。全体的に教員は何か不利な条件で働いているという側面もあるが、職務教員全体の給与・収入水準ということでは、かなり高く設定されているという現実を踏まえた上で対応すべきだ。また、労働基準法が守られるべきだという原則は私もその通りだと思う。ただ、教員の職務特性や勤務対応の特殊性を報告で説明したように、日本の教育のあり方そのものを変えることになる。そのため、労働基準法を守らせながら、日本の教育の特殊性に適用していかなければならないのではないか。

　司会　続いて、原北会員への質問。最初に、少し角度が違う3つの質問をまとめてお聞きする。1つ目に、藍野大学の吉田卓司会員から「私の勤務校では高校教諭（看護）の教職課程を有する。しかし、全国で約100校ある衛生看護科の高校では、公立校で約50％、私立校で40％弱の教員しか、看護の免許を有しておらず、臨時免許状取得者に多くを委ねて、かろうじて教育を行っている現状である。長崎大の例によらず、教育実態に応じた教員免許取得課程の維持を法的にも保障すべきと考えるが、いかがか」という意見。2つ目に、江熊会員から「義務標準法による教員数の算定は自治体（県など）の全体数について行われ、個別の学校においては所要教員数調によって教科毎に算定されているのではないか」という質問。3つ目に、高橋会員より「教科の免許を有する教員が配置されなければならないという法的要請は、いかなる憲法上、法律上、あるいは判例法上の根拠にもとづいて提起されることになるのか」という質問。

　原北祥悟（崇城大学）　まず今回の報告の核として、免許制度において教科に着目したのは象徴的な部分の意味合いが強い。これまで、定数になる基準を財政に紐づけていくことによって教員を確保するという教育条件として展開されてきたが、結局のところ免許法においては教科別に出されているため、この紐づけのあたりをどのように捉えたらいいのかというところである。言ってしまえば、世取山洋介氏がいう「教育的必要性」という概念の内実として、教科というものをどう位置づけていけばいいのかというところに問題関心がある。看護科の話については非常に同意するところであり、私の所属大学における工業と情報においても不足しながら展開されてきている。免許主義を一歩引きながら専門職性というものを確保していこうという考え方はもちろん同意すべきところがたくさんあるが、現実問題としてその教科の内実を考えなければ、目の前の子どもたちの学習権保障は、実態としてはできていないことになるのではないか。そのあたりは兼子仁氏が混合事項と言っていたところで多分に教育内容と関わるため、教科・科目別に免許取得課程の維持を法的に保障すべきか、という

ことは私自身も関心としては当然あるが、教員の地位自体も脅かされてしまうため、そこは非常に難しい。教育法学が考えてきた専門職性というものはどういうものなのか、大変恐縮な言い方ではあるが、その内実が意外と突き詰められていないのではないかと思う。教科ごとに保障していくという動きを理論的にしっかりと検討していくことが今後は求められているのではないかと個人的には考えている。その免許法における教科というところについて、当面の間は外的事項としては位置づけずに混合事項にするといったところに向き合っていかなければいけない事態が今まさに現実問題として起きているのではないか。また、算定の方法についてはその通りであると思うが、大学の教員養成における免許状発行という供給が止まってしまうことが現実に起きている。だからこそ、そのあたりを条件整備として、現場ではなく、法的に検討していかなければならないと考えている。

司会 角度が似ているため、いくつかの質問をまとめてお聞きする。1つ目に、前田会員から「教科ごとの『必要な教員数』を算出することが避けられたのは、教員不足の顕在化を避けるためという意図もあったのではないか。また、『教科』ごと以外の教員の『質』の捉え方は様々にあるように思うが、その点についてはどう考えるか」という質問。2つ目に、江熊会員より「教師の専門(職)性は教科の専門性に依拠すると考えているのか。私は更に教師の自律性にあると考えているが」という質問。3つ目に、少し長かったため後半の質問部分のみを読み上げるが、熊本学園大学の森口千弘会員から「報告の中で特別免許制や非正規教員の増加と『質的な教員不足』との関連に触れられていたが、教科について高い専門性をもつが『教育の専門家』ではない教員の増加は『質的な教員不足』との関係でどう評価されるのか」という質問。そして、4つ目に、領域的に個別化した質問になるが、東京学芸大学の栗原千春会員から「小学校における専科制拡大により、それぞれの学校組織における『教育財産の蓄積』こそ、使用教材、使用プリント等を蓄積することにより、非定型的な職務の効率性がある程度図られると思われる。つまり、『教科の専門性』の発展が、学校組織運営に結び付く必要性があると考えている」という意見。教科の専門性に着目した「質的な教員不足」に関する質問である。

原北 教科というのは象徴的な事象として私の中心に置いているが、担保されなければならない専門職性とは一体何かということに関わることが一番の問題関心である。おっしゃる通り、まさに教師の自律性というところは私も多分に同じように考えている。しかしながら、原理的な部分の話と実態的な話を見比べたとき、免許状主義という仕組みがありながら、実態としては教科として授業を実施する教員がいない際に免許外や臨時免許を発行していくということが、まさに私達が大切にしなければならないその自律性を脅かしていくということにもなりかねない。私達が原理として大切にしてきた原理同士の関係性をどう受け止めていかなければならないのかということが

現実課題として表出してきたのではないか。そういった意味で、今回の報告では教科に焦点を当てることで問題提起をした。教員不足の顕在化というものを避けるため、教科ではなくて学級数に紐付けて定数を生み出していく背景には、教員不足を顕在化させないという意図があったのではないかと私自身も推察している。やはり実態としてどうかを考えると、免許制度と条件整備という関係性をどう受け止めるかというところに関わってくる。教科の専門性についてだが、混合事項というのもあり、内的事項に踏み込みながら免許のことを考えると統制の要因にもなってくるため難しい。今後の検討課題とする。

　司会　教科の専門性というところを一番優先するという意図ではなく、これまでそこが視点として落とされてきたのではないかという指摘が原北会員の報告の中核である。続いて、お二方への質問。1つ目に、弁護士の間宮静香会員から「立場上、いじめで別室指導となっているのに、教員が足りないからと1時間の登校のみを求められたり、不登校対応、合理的配慮、いじめ対応などについて教員不足を理由に対応してもらえず学校に行けない子どもたちに会うことが少なくない。このような問題については、どのように位置づけられ、どのように今後乗り越えていけるとお考えか」という質問。2つ目に、九州大学の元兼正浩会員より「教員不足（the teacher shortage）という言説がショック・ドクトリンとして教職員人事法制をゆらがす傾向を懸念している。本来地方自治として任命権者にある採用試験への国家関与、免許事務を通じた大学自治への関与など教育法学会がこれまで守ろうとしてきた原理原則への踏み込みを両報告者はどのように捉えようとしているか。特に佐々木報告では『教員不足』の実態を正確に捉え直そうとされているが、そのエビデンスの共有とそれが導くもの、それがブラックでないとすれば、その帰結をどうお考えか」という質問。

　佐々木　不登校の子どもの支援などに関してだが、コーディネーターなどの支援員の職務をまず網羅していない現状がある。例えば、どういった仕事があり、何を最低限やってもらうのかという職務自体をある程度標準化し、そこにどのくらいのお金を払うのかなどのプロセスがまだできていない。これは誰の責任でもなく、今不登校や特別支援ニーズの子どもが増えてきたことによるものであるため、我々がこれから対応すべき課題である。そういった意味で、全体として職務のあり方や基準、さらには専門職基準などを時代に応じて作り直していくことが必要である。また、今の状況で教育法学会が構築したものがどのように次の段階に発展していくのかは我々が考えていかなければならない問題である。免許法を守るという考え方においては、守って何をするのかという話になる。今大事なのは、これからも地方が崩壊していく中で、子どもたちの学びを支えるための新しい学校システムとは何かを考えていくことであり、それを考える上で免許が邪魔になるならば、それを柔軟化することも考えるべきことだ。

原北　先ほどから伝えている通り、結局何かしらの免許を持った教員がいればいいのかということがやはり最大の問題関心である。いじめなどに対する様々な教育的な対応をしていかなければならないにもかかわらず、免許制度自体が形骸化していくという事態が起こっている。免許制度が数と財政というところにこだわっているがゆえに、その数の内実へのアプローチも必要であるというところが問題提起としてある。また、専門職基準のようなものを作成するとなれば、当然ながら統制のリスクも関わってくる。免許制度自体が自律性や諸原理を大切にしてきたのは確認してきたとおりであるが、そのあたりがお互いを矛盾に導いてしまっているのではないか。自律性を担保していくときに、そのようなパラドックスと照らし合わせて、今の原理というものをどう私達が受け止めていけばいいのか。そして、その辺りが教員不足を生み出した問題であると思っている。

　司会　フロアからこれまでの質問への応答で追加の質問があれば。

　元兼正浩（九州大学）　この分科会は教師の専門職性と教員不足ということで、専門性というプロフェッショナリティではなく、専門職性というプロフェッショナリズムを検討する趣旨であったと思う。その意味で資質能力論よりも、地位権利向上論において教員不足という言説がどのような形でその影響をもたらすのか、また学会としての蓄積をどう継承して、これからどう更新していくのか。さらに、教師の任用採用など国家に近くなるということについてどう考えるのか。特に大学の自治論について、今日、エデュケーショニストではなくアカデミシャンズとしての教員養成学科が閉鎖化されていくその議論を非常に深刻に受け止めているのが教育法学会であった。今の教員不足の中で非常にショック・ドクトリン的に工夫されていこうとするところをどう受け止めるかのかについて、もう少し議論できたらよかったと思う。

　江熊隆徳（東京高法研）　義務標準法についてだが、結局地方議会で予算執行を行うため、その際に人事異動や新採用の数を検討するために所要教員数調が作成される。その過程で、教科ごとの人数が出てくる。それは採用の人数として世に知られるため、結局大学もそこにどれだけそういう免許所有者を出していくかということに関わってくるため、先ほどの答えではあまり回答になっていなかったと思う。

　司会　ほとんど討論の時間を取ることができず時間が終わってしまったが、質問用紙で多く質問いただけたことで報告者の考えをかなり聞くことができた。

（文責・加藤沙耶奈）

第 2 分科会

大学法制の変容と学問の自由・大学の自治

報告者　石　川　多加子

　　　　高　津　芳　則

―〔報告1〕―

国立大学法人と学問の自由、大学の自治

石 川 多加子

（金沢大学）

I 国立大学の「法人化」ということ

　2024年4月、国立大学の法人化から20年を迎えた。法人化の功過を質す論考や調査結果等が公表されているが、「悲鳴」や「罪」を挙げるものの方が多いようである。[1]約19年間を国立大学で勤務して来た身としても、法人化が大学の研究と教育に及ぼした害は少なくないと感じている。

　国・公立大学を「公的な性格をもつ新しい形態の法人」に改めることを初めて提案したのは、1991年の中央教育審議会答申（6月11日）であった。6年後には、橋本龍太郎第二次内閣下で行政改革会議の「最終報告」（1997年12月3日）が「行政機能の減量（アウトソーシング）、効率化等」の中で「独立行政法人化」を検討すべきとした。そして2001年、遠山敦子文部科学大臣が経済財政諮問会議にいわゆる「遠山プラン」（6月11日）を提出し、国立大学法人への形態変更を文科省の方針として正式に表明したのである。以降幾つもの中教審答申等が提議し、国立大学法人法等の4度の改正を経て、「遠山プラン」が示した大学「改革」案はほぼ全てが実行・強化されつつある。法人化、再編・統合、学外者の登用、第三者評価及び評価結果に基づく資金配分等々といった競争原理に立つ策は、大学の研究と教育を差別化・分断化、実学化、産業化、グローバル化≒アメリカ化・英語化を意図するものと言える。因みにフランスではサルコジ大統領＝フィヨン首相政権下「大学の自由と責任法に関する法律」（Loi n° 2007-1199 du 10 août 2007 relative aux libertés et responsabilités des universités）が制定されたが、学長の権限強化や財政の"自律化"等を内容とし国立大学法人法と相似している。同法の目的たる「大学の自律性拡大」（responsabilités et compétences élargies）は、その後誕生した社会党のオランド大統領＝エロー首相時に成立した「高等教育及び研究に関する法律」（Loi n° 2013-660 du 22 juillet 2013 relative à l'enseignement supérieur et à la recherche）により若干後退している。[2]

　20年間に国立大学は、"惨状"を呈するようになった。とにかく火の車で、2004年度に1兆2415億円だった国立大学運営費交付金は2023年度、1兆626億8200万円に減った。各校は予算不足に喘ぎ、学生寮廃止（金沢大学・京都大学）、ピアノ売却（東京藝術大学）等で凌ごうとしている。[3]そして、研究時間が取れない。文科省調査に依れば国立大学教員の研究時間が職務活動時間に占める割合は2002年調査で50.7

％であったが、2008年には41.0％にまで減り、2013年は少し増えて42.5％となった。一方で、教育は同じく16.1％、18.5％、17.5％、社会サービスと学内事務等に充てる時間も合わせると43.9％、51.4％、49.7％を研究以外に費やしている結果となった。更に、身分の不安定さが増した。国立大学協会の調査で非常勤講師3万8110人の内本務を持たない者は、2001年に8645人（22.7％）であったのに対し、2023年は3万3855人の内9664人（28.5％）に上昇した。任期付教員は、2010年に教員数（除助手）5万7466人の内3690人（6.4％）に過ぎなかったが、2023年には同じく6万2491人の内2万214人（32.3％）にも上っている。

II 大学教員の身分、待遇と学問の自由

1 学問の自由（憲法23条）と大学教員

学問の自由が大学教員に留まらず広く市民に保障が及ぶのは無論である。但し、「他人の設置した教育研究機関に給料を得て雇われる使用人」たる専門研究者には「本来の意味の市民的自由の範疇からはみ出たところの自由」が必須であり、この自由こそが同条項の重要な意義と言える。

敗戦後、研究と教育の自主性確立に向ける要となったのは、とりわけ行政権による干渉からの防禦である。基本的な役割を担うのが、憲法23条と「教育は、不当な支配に服することなく、国民全体に対し直接に責任を負つて行われるべきものである」等とした1947年制定の教育基本法（以下「'47教基法」と略）10条である。そして、帝国大学時代の滝川事件（1933年）・天皇機関説事件（1935年）等々の弾圧を省みて「教員の身分尊重と待遇の適正」を定めた'47教基法6条2項であり、「大学自治の根幹をなすともいえる教員人事を大学の自主性に委ね」る教育公務員特例法（以下「教特法」と略）3条である。教員が自由に研究し、成果を発表し、講義を初め教育に従事するには、公権力、使用者・任命権者、上司等、研究・教育機関内外から指示・干渉、制約・統制を受けないこと、社会的・経済的・政治的に不利益を被らないことが不可欠となる。しかしながら、'47教基法は2006年に全部が改正され、国立大学法人の教員は教特法の適用を受けなくなってしまった。

2 国立大学法人教員の任用

使用者・任命権者・管理機関が有する職務・業務命令権、監督・統督権、懲戒権、解雇・免職権を「教員研究者の真理探究営為と矛盾抵触する限りにおいて制限・排除することが、『大学』を最も普遍的な教育研究機関としてもつ近代市民社会における学問の自由保障の根幹」たる必要がある。採用は教授会の議に基づかねばならず（3条5項・6項）、本人の意に反する転任、降職及び免職は原則として許されない（4条、5条）と定めるのが教特法である。然れども国・公立大学の法人化以後同法が適用さ

れるのは、従来通りの公立大学9校（2024年8月現在）の教職員のみとなった。国・公立大学法人の教員は労働三権全てを手中に収めた代わりに、最低基準以上の労働条件は労使間の交渉で決める私立大学と同様の法制下に組み入れられたのである。均等待遇原則（労働基準法3条）、不当労働行為禁止（労働組合法7条）、性別による差別禁止（男女雇用均等法5条）、解雇の規制（労働基準法20条、労働契約法16条）といった法的規制、各就業規則や労働協約による制限に服するのは勿論であるが、転任・配置転換、降任・降格、免職・解雇は設置者の人事権行使として行われる。

　大学教員の身分は、「大学の教員等の任期に関する法律」（1997年6月13日法律第82号）により著しく不安定化した。「教員の流動性による教育の活性化[10]」と謳う任期制を導入し、国立大学法人と公立大学法人は規則を策定した上で労働契約に任期を定めることができるとした（4条1項、5条1項・2項）。ただでさえ多くの非常勤講師が在職しているところに、同法は正規雇用の任期付教員を続々と生み出している。2023年度末前後には「無期転換ルール」（7条）の特例期間が終了し大学が多勢に雇い止めを通知しているが、国立大学も例外ではない[11]。

　加えて2022年の大学設置基準（以下「設置基準」と略）改正で「専任教員」（旧12条）に代え新設された「基幹教員」も教員の身分を危うくする。①教育課程の編成その他の学部の運営について責任を担う教員でかつ主要授業科目を担当する者（除助手。従来の専任教員に当たる）と、②1年に8単位以上の当該学部の授業科目を担当する者とがあるが（8条1項）、専任教員と違って複数の大学で務めることが可能である。非常勤講師も上の要件を満たせば務め得るので、旧13条が規定していた専任教員数の4分の1以上を非常勤教員が占める事態が生じ兼ねない（10条）。教員が更に削減されるおそれもあるばかりでなく、「教育の質の低下は免れない[12]」。同改正では学教法に定めのない「指導補助者」も設けた。大学は「当該授業科目を担当する教員以外の教員、学生その他の大学が定める者」でも「十分な教育効果を上げることができると認められ」れば、「授業担当教員の指導計画に基づ」いて指導補助者に授業の一部を分担させ得るとしたのである（8条3項）。大学基準協会が補助のみの「指導補助者」と、授業の分担可能な「指導補助者」の区別等に関し呈した疑問はもっともである[13]。

　今や一般的となった客員教員、特任教員も大半は任期制である。前者は各領域で実績を上げた研究者や企業の役員、有名人等が招聘されて客員教授・客員准教授を称するのに対し、後者は競争的資金による特定のプロジェクトへの雇用や退職教員等であり、特任教授・特任准教授・特任講師・特任助教に就く場合が多く、雇用期間が終了すればまた求職しなければならない。URA（University Research Administrator）とIRer（Institutional Researcher）を主とする事務職でも教員でもない「第三の職種」にある労働者にも有期雇用が少なくない。大学改革の担い手として注目されてい

るそうであるが、求人公募情報を見るとURAは「研究管理者相当」が多く、次いで「教育補助者」「研究員」「助教」「准教授」等の順となっている。

一方、大学、学部・学科の統合、退職者の後任を補充せず非常勤講師等に代替させるといった策も教員の身分が一定しない原因となっていることも付言しておく。

3　国立大学法人教員の待遇

2022年の設置基準改正では、教育組織と事務組織も大きく変えられた。それまでは「事務組織等」が置かれて事務処理、学生の厚生補導を行う専任の職員及び組織を設けると定められていたが（41条、42条）、教員による「教員組織」は、「専属の」教員と事務職員等から成る「教育研究実施組織等」にされた。つまり両者は"教職協働"による一体的組織を編成し、教育研究活動の他財務等大学運営に必要な業務を行うこととなったのである（7条1項-4項）。大学基準で"教職協働"を進めようとする意図に関しては後述する。

2017年の設置基準改正で既に「教員と事務職員等の連携及び協働」との条項が置かれると共に（2条の3）、事務組織は「事務を処理する」から「事務を遂行する」に改められた（41条）。同時に学校教育法（以下「学教法」と略）が改正されたが（2017年法律第5号）、「教育研究実施組織」は教員と職員の職分を不分明にする「教職混同」に陥りかねず、職員が事実上授業の肩代わりをする、反対に教員が職員の業務を負担する場合も予測し得る。

ところで文科省は「国立大学経営戦略」（2015年6月16日）に於いて、「メリハリある給与体系への転換と業績評価の充実を進める」等と述べ、評価結果に基づく処遇への反映手段として「給与への反映」初め「研究費の付与、教育・研究支援者の配置のほか、管理運営業務の免除やサバティカル制度の適用による研究時間の確保」等を示した。業績主義は教員間に階級を設けて分断をもたらし、低評価の者は意欲を失う。評価結果の処遇への反映を巡っては、教育重視教員（ティーチング・プロフェッサー）と研究重視教員（リサーチ・プロフェッサー）との"分別"も問題である。法制度にこそなっていないが、既に複数の大学が採っており、顕著な成果を上げた研究者、一生懸命頑張っている先生方には給与の上積みをするという仕掛け」が有る。前記したLRU法は、それまで政令第84-43号が詳細に定めていた教員の教育と研究その他の業務の割合を管理評議会（Conseil d'administration）が決定すると変えたのだが（19条、教育法典L.954条）、「研究について評価の低い教員研究者の教育負担を増やし、それで浮く教育負担を研究に優れた教員研究者に免除して研究に専念させ、手当の付与と合わせて、大学の対外的評価を高めるような研究業績を産出させること」で「大学の中に研究者教員と教育用教員の分業体制が成立する可能性」が生じ、「研究への低い評価に対するいわば懲罰として教育負担を利用する仕組み」であるといった批

判を受けた。「研究と授業の統合は、大学の高い、捨て去ってはならない原則[22]」であって、「教育活動を『制裁』として教員に課す[23]」ようなことは、大学の本分たる教育を軽視するものといった穏やかな表現では到底表わせ得ない。

ついでながら、近年国内外で社員の格付けをしない人事評価の手法を採用する企業が増えている。業績評価制度は「階層制組織における上司の権威とトップダウンの目標への社員の統合を、威嚇と不安によって維持する役割を」果たしており、「創造的アイデアを引き出す労働環境」にならないことが理由の一つに挙がっている[24]。国立大学もほぼ該当する現状にあるのではないだろうか。

Ⅲ　企業統治と大学の自治

1　教授会の地位の変質

大学の自治は、研究及び教育の内容・方法・対象の自主決定権、教員及び管理機関人事の自主決定権、施設管理の自治権、学生管理の自治権、財政自治権から成る。設置者たる国立大学法人の管理権（法人法2条1項、学教法5条）と文部科学大臣の所轄権（学教法98条）が、研究及び教育、教員等の人事、施設管理、学生管理、財政を具体的に統制することは許されず、大学が独立して決し運用するのが大学の自治であり、主に自治を担う必置機関として法定化されて来たのが教授会である（学教法旧93条1項、旧国立学校設置法7条の4）。法人法は制定時から教授会に係る規定を持たず、役員会の下（11条3項）、経営協議会は経営、教育研究評議会は教育研究の重要事項に付いて重要事項を審議する旨定める（20条、21条）。

大学運営を企業統治の手法に倣わせるべく学長のリーダーシップ確立を強調した中教審の「大学のガバナンス改革の推進について（審議まとめ）」（2014年2月12日）は「教授会の役割の明確化」と称して教授会の権限縮小を求めた[25]。2014年の学教法改正で（法律第88号）、教授会は学生の入学、卒業及び課程の修了、学位の授与等「教育研究に関する重要な事項」等に関し学長に意見を述べる単なる諮問機関にされてしまった（93条2項・3項）。

同まとめは補佐体制強化の一策に「事務職員の高度化による教職協働の実現[26]」を挙げており、教授会の役割低下と「教育研究実施組織等」への改編＞"教職協働"とはワンセットと捉える必要がある。すなわち授会の役割を低下させて教員組織の独立性を形骸化し、教育・研究への管理統制を強めるのが狙いと言えよう[27]。

2　学長選考・監察会議と運営方針会議

旧国立大学時代、学長選考も教特法の定めによって大学内部機関の評議会が、学部長は「教授会の議に基き」、教員は評議会の議に基づき学長が行い（旧4条、25条1項）、任命は学長の申出に基づいて文部大臣が行っていた（旧4条、10条、25条1

項・6項）。法人法は大きく変え、経営協議会と教育研究評議会委員で構成する学長選考会議（2022年4月からは「学長選考・監察会議」）の選考とした（12条1項-8項）。経営協議会委員の過半数は私企業役員や文科省元官僚といった学外者を就けねばならない（20条2項3号・4項）。旧国立大学時代に実施されていた教職員による投票は法人化以後「意向投票」に変えたものの、1位となった候補者が選ばれない事例が幾つも生じた。中教審が「過度に学内の意見に偏るような選考方法」であって適切ではないと指摘したのを受け、それさえ廃止してしまった大学は少なくない。[29]

2021年の法人法改正（5月21日法律第41号）は、学長及び理事の影響力排除を建前に「学長選考・監察会議」（旧学長選考会議）と監事の権限強化を図った。学長は委員に就けないこととする一方、監事の1人以上を常勤にして学長や役員の法令違反等に関しそれぞれ学長、同会議・文科相へ報告する等の条項を設けた（10条2項、12条2項、11条の2、17条4項）。更に違法行為等を理由とする学長解任は同会議の申出によると規定された（17条5項）。監事は従来、各法人の「監事候補者選考委員会」が選考・推薦し文科大臣が任命して来たが（12条8項）、同会委員には学長自身や学長指名の理事等が名を連ねており、学長の影響下にある。役員の専横や権限の不当行使を充分に監視できるとは思えない。

2023年の法人法改正によって（法律第88号）、「特定国立大学法人」（理事が7人以上の法人中、収入・支出額、収容定員、教職員数を考慮し事業規模が特に大きいものとして政令で指定）への「運営方針会議」設置が課された（21条の2）。また、「準特定国立大学法人」（特定国立大学法人以外で運営の監督のための体制強化を図る特別の事情がある）は、文部科学大臣の承認を受けて運営方針会議を設置し得るとされた（21条の2、21条の3、21条の9）。同会議は学長と3人以上の方針委員で構成され（21条の4）、役員会の議決事項である中期目標・中期計画及び予算・決算等に関する事項に付いて決議し（11条3項、21条の5）、決議内容に基づいた運営が為されていない場合は学長に改善措置を求め（21条の6）、学長選考・解任等に関し学長選考・監察会議に意見を述べる権限を持つ（21条の8）。大学運営は役員会の下（11条3項）、経営協議会と教育研究評議会がそれぞれ重要事項を審議し行うが、運営方針会議はこれら三者より強大な権能が付与された最高意思決定機関として君臨するのである。しかも、学長が運営方針委員を任命するには文科相の事前の承認を必要とする。日本学術会議会員の任命拒否と質を同じくする。更に2024年3月に開かれた「総合科学技術・イノベーション会議有識者議員との会合」では、国際卓越研究大学の運営方針会議での議決の要件に「執行部関係構成員のみや学内の構成員のみで議決が成立しないことを担保する仕組み」として「執行部以外や学外構成員による賛成」等が示され、[30]学外者の意思を優先させる方式が大学全体に求められるようになるのではといった懸念が表されている。[31]

3　大学資本主義と研究活動

　大学の自治を実効ならしむるには財政自治の基盤が欠かせない。とはいえ研究・教育に要する費用を授業料収入等によって賄える大学は非常に少なく、教員も大学も、国・地方公共団体、社会に必要な資金を求めねば研究・教育は成り立たない。従って、必要な費用を要求し、かつ提供者から独立して管理するのが大学の財政自治権であり、研究者の学問の自由である。研究者と大学が「教育研究を行うことによって社会の福祉に寄与すべき専門職能上の義務を」果たすべく「国・地方公共団体・企業はひもつきでない資金を支給する義務を負う」反面、「ひもつきでない研究費を要求する権利を有する[32]」と言える。更に個々の研究者は所属する大学等にひもつきでない研究費を請求する権利を持ち、大学等は配分に本来の研究・教育活動と無関係の条件を付したり、条件に従わない研究者には半額しか支給しないといった不利益を課すのは禁じられる。

　法人化によって本来基盤的経費に充てる国立大学運営費交付金は減額され続け、2007 年度以降は「努力と成果に応じた配分[33]」が為されるようになってしまった。政府は他方、「選択と集中[34]」策の一つとして科学研究費補助金・学術研究助成基金助成金を代表とする競争的研究費の予算を増加した。政府や企業等が研究費提供と引き換えに、例えば治験でワクチンの絶大な効能の証明や、調査により放射能汚染はごく軽微で健康被害は生じないといった調査結果を「期待」し、研究を歪める危険性は増大しているのではないだろうか。同時に、国等が事業を公募することで「国家ノ須要ニ応スル」研究・教育に誘導し、かつ、採択如何で研究者を優秀か否かに差別化する効果をも発揮する。なお、医療や原子力、軍事研究等の自由は時に、生命・健康、プライバシー等「人間の尊厳を根底から揺るが[35]」し兼ねない事実も重く見るべきである。

　ところで 2023 年の法人法改正は、全国立大学に「稼ぐ大学」への積極的変態を一層迫るものであり、法人化＝民営化であることを確定的に理解させた。所有地等の貸付は既に「資産の有効活用」として文科相の認可を受けた上で認められるようになっているが（2016 年の法人法改正）、個別の貸付には認可を不要にし単なる届出で済むことにしたのである（33 条の 4）。既に東京工業大学・東京大学等が複合施設建設等の計画を公表している[36]。ショッピングセンターやホテル等が敷地を占め、国立大学の「業務の遂行」や「財産の管理上」支障が生じる・「財産の用途又は目的を妨げる[37]」おそれは皆無なのであろうか。財界の意向を代弁する学外者の意見で、研究・教育に必要な施設等の維持・整備より収益が上がる民間企業への土地貸付が選択されるのではないだろうか。元来帝国大学の土地は市民の血税で賄って来た公共用財産であった。あくまで学びたい者が安価な学費で高等教育を受け得る研究・教育の場でなければならない。大学債（法人法 33 条）にも触れておく。長期借入金の借入れと大学債の起債対象は従前、附属病院・寄宿舎整備事業、当該施設等から直接得られる診療報酬や

利用料等に限定されていた。2020 年の法人法施行令改正（6 月 24 日政令第 198 号）によって、直接的な収入は見込めずとも教育研究機能の向上に必要な土地の取得等なら認められるようになった。償還には当該施設・設備からの直接的な収入に加え、余裕金（寄附金や運用益等）も充てることが可能になった（8 条 4 号・5 号）。同年 10 月、東京大学が国立大学では初めて 200 億円のソーシャルボンド（社会貢献債）を発行し[38]、次々続いている。

　さて、予算欠乏に呻吟する研究者乃至大学が軍事研究に飛び付くのは容易く想像し得る。2015 年度に防衛省が"デュアルユース技術の取り込み"を謳って「安全保障技術研究推進制度」を開始したのは既知の如くである。日本の教育への公財政支出が極めて低いことは今や常識となった。高等教育に対する GDP 比公財政支出の割合は OECD 諸国の中でルクセンブルク（0.4％）に次いで低い 0.5％に過ぎず、平均（1％）の半分である（2020 年調査）[39]。軍事研究を止め、学問の不自由状態から脱するには、文科省予算を増額し基盤的経費を確実に措置するのが正しい。2025 年度予算案の概算要求で文科省は「持続可能な教育研究機能の強化に向けた基盤的経費の十分な確保」を謳い、運営費交付金に付き前年度当初予算より 3％多い 1 兆 1145 億円を計上した[40]。今後増加傾向に転じるであろうか。加えて大学には、軍事研究を行わない指針等を決定し各教員研究者の学問の自由を保護する義務がある。大学の自治が「学問の自由を保障する目的の上で必要不可欠な」[41]所以である。各研究者は「筋の通らない金を受け取ることによって真理探究者としての道義的基礎を自ら破壊すべきではないという原理」[42]を改めて銘肝しなければならない。

IV　学問の自由と学生

　学問の自由も大学の自治も、大学教員のみが享有するのではない。「大学の自治は、大学における教育と学問研究の自由が保障されなければ、国民の権利としての真理探究の自由が究極的には阻害されるという意味において、それは、国民の知的探究の自由・真実を知る権利・学習の権利など、国民の基本的人権の保障を集約した自由概念であり、国民（学生）の教育権と学問研究権の保障に基礎づけられた大学という学校が有する教育自治権」[43]なのである。大学自治の主体は、構成員たる教員・職員及び学生である。「大学内における研学および教育上の有形無形の諸点につき教職員および学生の真理探究又は人間育成の目標に向い一定の規則に従つて自治的活動をなすことが認められ」[44]ると解すべきである。2024 年 4 月頃からコロンビア大学等で始まったパレスチナ自治区ガザへの攻撃に抗議するデモの参加者達は、大学に「イスラエルの戦争遂行を含む『パレスチナでの人権侵害に加担する企業』」等への投資中止等を求めたが[45]、幾つもの大学が警察の出動を求め、学生及び教職員が逮捕された。大学当局が大学の自治を手放し、学生等の学問の自由を脅かした顕著な実例となった。大学の

自治は、三者――「①学問研究と教育の任務に当たる教育研究者と、②自ら学問研究をし、かつ学問研究の先輩である教師の指導（教育）を受ける学生と、③大学において学問研究と教育が行われる条件設備を責務とする職員[46]」――が相互に連携して批判し合い、人事、財政、施設・設備等の自治を確立していくことが、研究・教育機関としての大学のあるべき姿であろう。

　2023年10月に第1回学徒出陣壮行会から80年を迎え、複数の大学等が企画展示等を実施した。「生等今や、見敵必殺の銃剣を提げ、積年忍苦の精進研鑽を挙げて悉くこの光栄ある重任に捧げ、挺身以て頑敵を撃滅せん。生等もとより生還を期せず[47]」。我々大学教員は、この様な答辞を二度と学生に述べさせない責務を負っている。

1）　朝日新聞2024年4月11〜19日等。
2）　大場淳「フランスにおける大学・高等教育機関共同体（communauté d'universités et établissements: COMUE）の設置――大学の統合・連携を巡る政策の形成とその背景」広島大学高等教育研究開発センター戦略的研究プロジェクトシリーズⅨ『大学の機能別分化の現状と課題』（2015年）32頁。
3）　田中圭太郎「『月額700円』の寄宿舎料はどこが問題なのか…国立大学で相次ぐ『歴史ある学生寮の廃止』という深刻な問題」プレジデントオンライン2023年4月26日11時 https://president.jp/articles/-/68939；朝日新聞デジタル2023年2月20日19時46分 https://www.asahi.com/articles/ASR2N66JGR2JUTIL005.html, last visited, 1 January 2025。
4）　文部科学省科学技術・学術政作研究所科学技術・学術基盤調査研究室神田由美子・富澤宏之「大学等教員の職務活動の変化――「大学等におけるフルタイム換算データに関する調査」による2002年、2008年、2013年調査の3時点比較」科学技術・学術政策研究所調査資料236号（2018年12月）2頁・16-32頁 https://nistep.repo.nii.ac.jp/records/4761, last visited, 19 August 2024。
5）　国立大学協会第3常置委員会男女共同参画に関するワーキング・グループ「国立大学における男女共同参画推進の実施に関する第1回追跡調査報告書」（2002年11月13日）27頁 https://www.janu.jp/wp/wp-content/uploads/2021/03/200211-danjo-01.pdf、国立大学協会教育・研究委員会男女共同参画小委員会「国立大学における男女共同参画推進の実施に関する第20回追跡調査報告書」（2024年1月23日）41頁・67-68頁 https://www.janu.jp/wp/wp-content/uploads/2024/02/202401houkoku_01.pdf, last visited, 19 August 2024。
6）　高柳信一『学問の自由』（岩波書店、1983年）64-65・68頁。
7）　安嶋彌「教育勅語から教育基本法へ」国立教育政策研究所紀要143集（2014年3月）271頁。
8）　元兼正浩・窪田眞二「教育公務員特例法第3条」荒巻重人・小川正人・窪田・西原博史編『教育関係法コンメンタール』（日本評論社、2015年）315頁。
9）　高柳・前掲書（注6）60頁。
10）　大学審議会「大学教員の任期制について（答申）〜大学における教育研究の活性化のために〜」（1996年8月29日）学術の動向1997年3月号40頁。
11）　文科省「研究者・教員等の雇用状況等に関する調査」（2023年度）2頁 https://www.mext.go.jp/content/20230911-mxt_kiban03-000031781.pdf、2024年8月20日閲覧。
12）　文科省「大学設置基準等の一部を改正する省令案及び教育課程等特例認定大学等の認定等に関する規程案に関するパブリックコメント（意見公募手続）の結果について」（2022年9月30日）3頁 https://public-comment.e-gov.go.jp/pcm/download?seqNo=0000241689, last visited, 20

13) 公益財団法人大学基準協会「大学設置基準等の一部を改正する省令案及び教育課程等特例認定大学等の認定等に関する規程案への意見の提出について」（2022 年 8 月 4 日）https://www.juaa.or.jp/upload/files/outline/information/opinion/ 大学設置基準等の改正への意見 .pdf、2024 年 8 月 22 日閲覧。
14) 日本経済新聞 2023 年 7 月 26 日 2 時 https://www.nikkei.com/article/DGXZQOCD290X00Z20 C23A6000000/, last visited, 19 August 2024.
15) 科学技術振興機構「JREC-IN Portal」https://jrecin.jst.go.jp/seek/SeekJorSearch?fn=3&dispcount=10&keyword_and= リサーチ＋アドミニストレータ, last visited, 19 August 2024.
16) 「事務職員等」には、技術職員の他、図書館に置かれる専門的職員等大学に置かれる様々な職員を含む。文科省「令和 4 年度大学設置基準等の改正に係る Q&A（令和 5 年 3 月 31 日更新）」https://www.mext.go.jp/a_menu/coronavirus/mext_00154.html, last visited, 21 August 2024.
17) 日本私大教連中央執行委員会「大学設置基準改正案に対する見解」（2022 年 7 月 25 日）。
18) 文科省「国立大学経営戦略」（2015 年 6 月 16 日）5 頁。
19) 山崎光悦金沢大学学長（当時）の発言。「科学技術・学術審議会 学術の基本問題に関する特別委員会〈第 7 期〉第 8 回（2014 年 8 月 1 日）議事録 https://www.mext.go.jp/b_menu/shingi/gijyutu/gijyutu4/034/gijiroku/1351935.htm、東北大学の例もある。日経バイオテク https://bio.nikkeibp.co.jp/atcl/news/p1/22/08/04/09784/、2022 年 8 月 8 日, last visited, 23 August 2024.
20) Décret n°84-431 du 6 juin 1984 fixant les dispositions statutaires communes applicables aux enseignants-chercheurs et portant statut particulier du corps des professeurs des universités et du corps des maîtres de conferences. 教員の業務の種類に関しても、LRU に基づく政令第 2009-460 号（Décret n° 2009-460 du 23 avril 2009 modifiant le décret n° 84-431 du 6 juin 1984 fixant les dispositions statutaires communes applicables aux enseignants-chercheurs et portant statut particulier du corps des professeurs des universités et du corps des maîtres de conférences et portant diverses dispositions relatives aux enseignants-chercheurs）によって大きく変えられた。
21) 今関源成「『大学の自治』と憲法院──『大学の自由と責任に関する法律』判決を契機として」早稲田法学 87 巻 2 号 12 頁。
22) カール・ヤスパース著（福井一光訳）『大学の理念』（1999 年、理想社）73 頁。
23) 大場淳「フランスの大学教授職──制度の概況と最近の改革の動向」科学研究費補助金研究「21 世紀アカデミック・プロフェッション構築の国際比較研究」（代表：有本章）成果報告書（2010 年 3 月 31 日）11 頁 https://home.hiroshima-u.ac.jp/oba/docs/ap_kaken2010.pdf, last visited, 23 August 2024.
24) 鈴木良始「アメリカ企業における業績評価制度の変革運動（ノーレイティング）とその背景」同志社商学 69 巻 3 号（2017 年 11 月）335 頁。
25) 中央教育審議会大学分科会「大学のガバナンス改革の推進について（審議まとめ）」2014 年 2 月 12 日（27-30 頁）。
26) 同上 19 頁。
27) 文科省・前掲（注 12）2 頁。
28) 毎日新聞 2021 年 1 月 6 日 21 時 44 分 https://mainichi.jp/articles/20210106/k00/00m/040/181000c, last visited, 25 August 2024.
29) 中教審・前掲（注 25）24 頁。
30) 科学技術政策担当大臣等政務三役と総合科学技術・イノベーション会議有識者議員との会合（2023 年度）配布資料「国際卓越研究大学に求められるガバナンス体制の方向性について」（2024 年 3 月 7 日）1 頁 https://www8.cao.go.jp/cstp/gaiyo/yusikisha/20240307/siryo1.pdf, last visited,

31) 東京新聞 2024 年 4 月 26 日 12 時 https://www.tokyo-np.co.jp/article/323569, last visited, 25 August 2024.
32) 高柳・前掲書（注 6）107 頁。
33) 経済財政諮問会議「平成 19 年第 4 回経済財政諮問会議議事要旨」（2007 年 2 月 27 日）9 頁。https://warp.da.ndl.go.jp/info：ndljp/pid/11670228/www5.cao.go.jp/keizai-shimon/minutes/2007/0227/minutes_s.pdf, last visited, 28 August 2024.
34) 内閣府総合科学技術会議諮問第 5 号「科学技術に関する基本政策について」（2005 年 12 月 27 日）11 頁、教育再生会議「社会総がかりで教育再生を〜公教育再生に向けた更なるの第一歩と「新教育時代」のための基盤の再構築〜──第二次報告」（2007 年 6 月 1 日）15 頁。なお、経済財政諮問会議・前掲（注 33）7 頁等。
35) 芦部信喜（高橋和之補訂）『憲法第 6 版』（岩波書店、2015 年）170 頁。
36) NTT 都市開発「東京工業大学田町キャンパス土地活用事業における事業協定書締結について」（2021 年 3 月 1 日）https://www.nttud.co.jp/news/detail/id/n25917.html、三菱地所レジデンス「東京大学目白台キャンパス土地有効活用始動 産学複合建物 新築工事着工」（2023 年 8 月 31 日）https://www.mec-r.com/news/2023/2023_0831.pdf 等々, last visited, 29 August 2024.
37) 文部科学省高等教育局長 常盤豊 文部科学省研究振興局長 関靖直「国立大学法人法第 34 条の 2 における土地等の貸付けにかかる 文部科学大臣の認可基準について（通知）」（28 文科高第 1002 号 2017 年 2 月 21 日）。
38) 日本経済新聞 2020 年 10 月 8 日 https://www.nikkei.com/article/DGXMZO64786300Y0A001C2DTA000/、同紙 2024 年 11 月 29 日 5 時 https://www.nikkei.com/article/DGXZQOFC064ZE0W4A101C2000000/ 等々, last visited, 30 August 2024.
39) 「Table C2.1. Total expenditure on educational institutions as a percentage of GDP（2020）」OECD『Education at a Glance 2023』296 頁。
40) 文科省「令和 7 年度概算要求のポイント」2 頁。
41) 種谷春洋「学問の自由」芦部編『憲法 2 人権（1）』（有斐閣、1978 年）394-395 頁。
42) 高柳・前掲書（注 6）107 頁。
43) 野上修市「学問の自由と大学の自治」永井憲一先生還暦記念論文集刊行委員会編『永井憲一教授還暦記念 憲法と教育法』（エイデル研究所、1991 年）96 頁。
44) 東大ポポロ事件控訴審判決（東京高判 1956 年 5 月 8 日高刑集 9 巻 5 号 425 頁）。
45) ブルームバーグ 2024 年 8 月 27 日 10 時 20 分 https://www.bloomberg.co.jp/news/articles/2024-08-27/SIULE4T0G1KW00, last visited, 30 August 2024.
46) 中村睦男・永井憲一『生存権・教育権』（法律文化社、1989 年）250-251 頁。
47) 第 1 回学徒出陣壮行会に於ける江橋慎四郎学徒代表の答辞の一部。新井謹之助「帰らざる青雲──『日本の息子たち』への挽歌」『別冊 1 億人の昭和史「学徒出陣」』（毎日新聞社、1981 年）267 頁。

〔報告2〕

再考：私立大学における学問の自由・大学の自治
―― 国庫助成を利用した改革の誘導 ――

高 津 芳 則
（大阪経済大学）

はじめに

本稿は、文科省が経常経費補助（私学助成）のしくみを利用して、学校法人優位の管理体制をつくっていること、また、その学校法人（理事会）が学問教育に統制的な関与をおこなっていることを明らかにする。

I　私立大学の経常費補助

1　経常費補助のしくみ

私立大学経常経費補助は、私立学校振興助成法（1975年法律第61号。以下、私学助成法）、同法施行令（1976年政令第289号）、および補助金等に係る予算の執行の適正化に関する法律（1955年法律第179号）、同法施行令（1955年政令第255号）にもとづく法律補助である。

さらに上記の法令にもとづく［私立大学等経常費補助金／私立大学等研究推進費補助金］交付要綱（1977年11月30日文部大臣裁定。以下、交付要綱）がある。

交付要綱の別添［私立大学等経常費補助金／私立大学等研究推進費補助金］取扱要領の9条で、日本私立学校振興・共済事業団（以下、私学事業団）は、経常的経費の算定方法、補助金の基準額、及び補助金の基準額の増額又は減額に関して、あらかじめ文部科学大臣の承認を得て補助金の取扱要領を定めるものとされている。

この9条にもとづき、一体のものとしてページが連続する「私立大学等経常費補助金取扱要領／私立大学等経常費補助金配分基準」（2024年3月版）[1]が、一般補助と特別補助について定めている。なお特別補助は、「私立大学等経常費補助金配分基準別記8（特別補助）」（2024年3月版）[2]として、別刷冊子になっている。

一般補助は、客観的データを算定基準にした経常費補助である。ところが特別補助は、政策重点的補助であるため、その政策誘導的あり方に対する批判があった。そのため、民主党政権の時に、特別補助予算の半分以上を一般補助予算に組み替えたという経緯がある（2011年度補助）。

私立大学等経常費補助金取扱要領の「6. 配分基準」で、「私立大学等の経常的経費の算定方法、補助金の基準額、補助金の基準額の増額又は減額、及び補助金の額につ

いては、文部科学大臣の承認を得て配分基準で定める」（7頁）とされ、私立大学等経常費補助金配分基準（以下、配分基準）は、私立大学等経常費補助金取扱要領の規定にもとづき、「私立大学等の教育研究の条件整備、経営の安定性等を勘案して、次により重点的配分を行う」（27頁）としている。

配分基準は、一般補助と特別補助の基準また増減基準として、別記1～8（別記8は別刷）、別表1～9を定めている。そのうち、別表9「教育の質に係る客観的指標による増減率」（以下、別表9）は、2019（平成31）年3月にはじめて登場した。

2　経常費補助の現状

私学における経常費補助は、私学助成法制定から増額されていく。よく知られているように、経常経費にしめる補助金の割合は、1980（昭和55）年度、29.5％まで上昇した。しかしその後の補助割合は減少の一途で、しばらく10％程度に低迷していた。そしてついに、2015（平成27）年度の経常費補助割合は10％を下回り、9.9％となった（「平成28年度私立大学等経常費補助金交付状況の概要」私学事業団平成29年3月。以下、交付状況概要）。すると私学事業団は、翌2018（平成30）年3月公表の交付状況概要から、経常費補助割合の数字の公表をやめてしまった[3]。

Ⅱ　私立大学等改革総合支援事業による改革誘導

1　私立大学等改革総合支援事業

私立大学等改革総合支援事業（以下、総合支援事業）は、組織的・体系的な大学改革に取り組む私立大学等（大学、短期大学、高等専門学校）を、経常費補助に関係させ優遇するしくみ（詳細略）として、2013（平成25）年度からはじまった（2013〔平成25〕年度予算総額178億円）。なお、2018（平成30）年度予算から総合支援事業予算は減額され、2020（令和2）年度以降は、予算総額120億円以下に抑制されている。

2　私立大学等改革総合支援事業調査票

総合支援事業の対象校として選ばれるためには、調査票を提出しなければいけない。調査票は、私学事業団と文科省が連絡を取り合いつつ事業団が原案を作成し、「私立大学等改革総合支援事業委員会」（委員任期原則2年。委員名簿は任期満了まで非公表）の審議をへて、文科省の私学部長の決裁で決定する（2024年3月14日文科省私学助成課職員の話。高津電話）。

調査票のポイントは、改革を点数化したことである。各私学は、補助金を獲得するために点数を稼がなければならない。そのためには調査票に書かれたとおりの改革を、各大学の自発的意思ですすめることになる。

2013（平成25）年度の最初の調査表から一例を紹介する（タイプ1〔100点満点

の「基本的事項に係る評価」)。

> ⑧ シラバスの記載内容が適正か否かについて、担当教員以外の第三者がチェックしていますか。
> 　1　全学部等・研究科で実施している　　　　　　　　　　　　　　　5点
> 　2　一部の学部等・研究科で実施している　　　　　　　　　　　　　3点
> 　3　実施していない　　　　　　　　　　　　　　　　　　　　　　　0点

　シラバス関係だけで項目は3つあり、満点20点となっている。全点数の2割をシラバスが占めており、文科省のシラバス関与についての強い意思がわかる。

　総合支援事業のはじまった当初（2013〔平成25〕年度）、調査票は28頁だったが、2023（令和5）年度は69頁へと、10年間で2倍以上の分量に増えている。

　私学（短大を除く）はほぼ600校あり、そのうち総合支援事業に選定される学校は、毎年300校前後である。この100億円少々の助成金システムで、選定された私学に限定すれば、ほぼ私学の半数が点数化された改革を競わされてきたといえる。そして、この方式に手応えを見た文科省は、私学の経常費補助のしくみに、この点数方式を利用する。

Ⅲ　私立大学等経常費補助金配分基準「別表9」

1　経常費補助に教育の質に応じたメリハリを求める

　「経済財制運営と改革の基本方針2018について」（2018（平成30）年6月15日。いわゆる「骨太の方針」）は、「私学助成について、教育の質に応じたメリハリ付け、教育の質が確保されず定員割れとなっている大学や赤字経営の大学等への助成停止等も含めた減額の強化を図る」（67頁）とした。

　財政制度等審議会（財務相の諮問機関）は、「平成31年度予算の編成等に関する建議」（2018（平成30）年11月20日）において、「私学助成については、教育の質に応じたメリハリ付けを行い、定員割れや赤字経営の大学等への助成停止等も含めた減額を強化すべきである」（48頁）とした。

2　私立大学等経常費補助金配分基準「別表9」の登場

　私立大学等経常費補助金取扱要領（2019〔平成31〕年3月）で、はじめて別表9「教育の質に係る客観的指標による増減率」（以下、別表9）が登場した（平成30年度経常経費の補助金に適用）。

　別表9は、別表1～8と異なり、補助金の増減方法が一読して理解できない内容になっている。別表9は、はじめに次のように記述する。

私立大学等が行う教育の質に係る客観的指標に応じて、別表2、3、4（別表5による補正後とする）、6、7、及び8により算出した各増減率の合計を、▲99％を限度に下記の通り補正する。

　別表9（2019年）は、3つの区分（1. 全学的チェック体制、2. カリキュラムマネジメント体制、3. 学生の学び質保証体制）があり、3～6の下位区分がある。区分の右欄に「補正方法」欄があり、「37点～41点……＋2％」（略）「0点～11点……▲2％」などとなっている。この点数はどのように採点されるのか、別表9にいっさい書かれていない。

3　「教育の質に係る客観的指標調査票」の問題
　別表9の点数は、非公表の「教育の質に係る客観的指標調査票」（入力要領を含む）（以下、客観的指標調査票[4]）によって計算されている。
　総合支援事業（調査票）と異なり、別表9（客観的指標調査票）は経常費補助そのものに関わる。2023（令和5）年度交付された私学（4年制）に限定すれば、585校（約94％／全624校）が関係する（「令和5年度交付状況概要」令和6年3月）。別表9による客観的指標調査票にもとづく改革誘導は、ほぼ全私学を対象にする。
　2019（平成31年）3月の別表9から1つ紹介する。別表9の2の「(5) 準備学習に必要な時間等のシラバスへの明記」について、客観的指標調査票は次のように点数化している（要件等、基準時点、根拠資料、略）。

---

⑩　シラバスの作成要領等により、以下の内容をシラバスに明記することを全教員に求め、その内容がシラバスに明記されていますか。
　ア　準備学修（予習・復習等）の具体的な内容及びそれに必要な時間
　イ　課題（試験やレポート等）に対するフィードバックの方法
　ウ　授業における学修の到達目標及び成績評価の方法・基準
　エ　卒業認定・学位授与の方針と当該授業科目の関連
　オ　当該授業科目の教育課程内の位置づけや水準を表す数字や記号（ナンバリングを含む）
1　アからオ全てシラバスに明記されている。　　　　　　　　　　　　　　4点
2　1. には該当しないが、アからオ全てシラバスへの明記を全教員に求めている　3点
3　2. には該当しないが、アからオのうち3つ以上シラバスへの明記を全教員に求めている。　　　　　　　　　　　　　　　　　　　　　　　　　　　　　　1点
4　上記のいずれにも該当しない。　　　　　　　　　　　　　　　　　　0点

　学校法人（理事会）が補助金を獲得するために、全教員に対して、シラバスの記述について細かい注文をおこなうことになる。理事長が、教育内容に関与するというこ

とである。

Ⅳ 「配分基準」別表9の効果
　　――教授会自治――

1　私大版ガバナンス・コード

　大学版ガバナンス・コードは、すでに中教審大学分科会「大学のガバナンス改革の推進について（審議のまとめ）」（2014〔平成26〕年2月12日）に登場する。そして、大学設置・学校法人審議会学校法人分科会の学校法人制度改善検討小委員会「学校法人制度の改善方策について」（2019年〔平成31〕年1月7日）において、「『私立大学版ガバナンス・コード』の策定の推進」と書かれた。

　ところが私大側の対応は、早い。たとえば日本私立大学協会は、「私立大学等の振興に関する検討会議」報告（2017〔平成29〕年）を受け、理事会において対応を決めている（2017〔平成29〕年11月24日）。そして、2019（平成31）年3月28日開催の第150回総会（春季）において、「日本私立大学協会憲章／私立大学版ガバナンス・コード〈第1版〉」を了承した。なお、日本私立大学連盟も「私立大学ガバナンス・コード」【第1版】を2019（令和元）年6月25日に確定している。

　ここでは、私大協会のモデルを取りあげる。その理由は、私の勤務校が私大協会加盟校であること、そして私大協会のガバナンス・コードが大きな問題をはらんでいること、である。

2　別表9にガバナンス・コードが登場

　配分基準の別表9、「1、全学的チェック体制」に「(1)ガバナンスコードの遵守」が登場したのは、2022（令和4）年3月版が最初であるが、客観的指標調査票に「ガバナンス・コードの遵守」が登場するのは、前年の2021（令和3）年度版（令和3年11月26日提出期限）である。ここでは、客観的指標調査票の最新版（2024〔令和6〕年）の記述を紹介する。

　ガバナンス・コードを明示するとともにその遵守に取り組み、適合（遵守）状況を公表していますか。
　1　ガバナンス・コードの適合（遵守）状況を点検し、その結果を公表している。　2点
　2　準拠、あるいは準拠し作成したガバナンス・コードの内容を公表している。　　1点
　3　上記のいずれにも該当しない。　　　　　　　　　　　　　　　　　　　　　0点

　ガバナンス・コードは義務ではない、説明責任を果たせばよいといわれている。しかし、法人業務（理事会）の経常費補助の観点からいえば、2点になるか0点になるかという問題になる。ガバナンス・コードを定め遵守しようと理事会が判断するのは、

当然である。

 3　私大協会の「ガバナンス・コード」モデル
 2014（平成26）年学校教育法改正により、教授会が学長の諮問機関になったという理解（石川多加子など）と、教授会の審議権に変更はないという理解（光本滋など）が、学説上、対立している。学説における対立は、学会において議論すればよい。しかし問題は、通説が確立していないのに、一方の解釈が現実に力をもって、学問の自由・大学の自治を混乱させるケースである。
 「私立大学版ガバナンス・コード」〈第1版〉（日本私立大学協会）の教授会規定は、以下である。

3-2　教授会
(1)　教授会の役割（学長と教授会の関係）
　　大学の教育研究の重要な事項を審議するために教授会を設置しています。審議する事項については○○規程に定めています。／ただし、学校教育法第93条に定められているように、教授会は、定められた事項について学長が決定を行うに当たり意見を述べる機関であり、学長の最終判断が教授会の審議結果に拘束されるものではありません。

 私大協会のガバナンス・コードを利用して大阪経済大学が作成したガバナンス・コードが以下である（理事会作成。教授会は知らされていないし審議もしていない）。

3-2 教授会
(1)　教授会の役割（学長と教授会の関係）
　　大学の教育研究の重要な事項を審議するために教授会を設置しています。審議する事項については大阪経済大学教授会規程に定めています。／ただし、学校教育法第93条に定められているように、教授会は定められた事項について学長が決定を行うに当たり意見を述べる機関であり、学長の最終判断が教授会の審議結果に拘束されるものではありません。

 大阪経済大学は、モデルをそのまま利用していることがわかる（2021年11月30日制定。2022年9月27日変更）。
 経常費補助の別表9と客観的指標調査票により、ガバナンス・コードの作成と遵守が、法人の事実上の義務になった。法人は、私大協会モデルを利用し、ガバナンス・コードにおいて、教授会の諮問機関化を教授会の了解も経ないまま記述した。その結果理事会は、教授会権限を抑圧している事実を私学事業団（文科省）に対して証拠を含めて証明することが、経常費補助金の獲得にとってプラスに作用するのである。

V 私学法24条（現行16条）の問題

1 私学法24条（現行16条）の新設

2019年の通常国会（第198国会）において、「学校教育法等の一部を改正する法律」（令和元年法律第11号。公布令和元年5月24日）が成立した。この法改正には、私立学校法（以下、私学法）の一部改正も含まれている。この改正で、私学法に次の条文が新設された（2023年私学法改正で16条に移行）。

> （学校法人の責務）
> 第24条　学校法人は、自主的にその運営基盤の強化を図るとともに、その設置する私立学校の教育の質の向上及びその運営の透明性の確保を図るよう努めなければならない。

別表9にもとづいて理事会が教学に関与すること等について、文科省は法的説明が難しいと判断したはずである。将来、別表9による理事会権限が問題になったときの保障として登場したのが、私学法24条（現行16条）だったというのが私の仮説である。[5]

新しい条文新設であれば、一般に、諮問機関（審議会等）で事前審議がある。ところが本条について諮問機関における事前審議がなかったことを、まず吉川元衆院議員（社民）が問題にした。このとき政府は、きちんと回答できていない。[6]

文科省は、24条の正当性を国会で確認する必要に迫られた（推測）。その役割を担う役者に選ばれたのが、今井絵里子議員（自民党）だったと思われる。

今井参院議員（自民）は、「大学設置・学校法人審議会法人分科会の学校法人制度改善検討小委員会では、この文言を使った、第二十四条のようなその文言を使った議論はなかったように思います」と質問すると、白間私学部長（政府参考人）は、「御指摘ございましたように、学校法人制度改善検討小委員会、ここで御議論をいただいて、その報告をいただいているわけでございます」と、まったく逆の回答をおこなった。しかし今井議員は、「ありがとうございます」と発言する。そのうえで今井議員は、24条が努力義務規定にとどまることへの批判（「強い表現の方がいい」）へと話題を変える。すると白間私学部長は、「この努力義務規定を根拠にしまして、今後、私立大学、私立団体等において私立大学版ガバナンスコード、こういったものを策定することとしておりまして、多様な私学において効果的なガバナンス強化、これが図られていくものと期待している」とのべ、24条がガバナンスコード策定の根拠条文になっているという認識を、国会審議の中で、はじめて唐突に語る。これを受け今井議員は、「この私大版ガバナンスコードに関する議論というのはこの小委員会ではる

るございまして、文科省はこの私大版ガバナンスコードについてどのような受け止め方（略）」（参議院文部科学委員会会議録第9号令和元年5月16日2頁）、と私大版ガバナンスコードに話題を変える。24条とガバナンスコードを結びつけることで、学校法人制度改善検討小委員会で議論され、報告書（2019〔平成31〕年1月7日）でもふれていたという、24条の成立過程における正当性がここに担保された。

2　24条への懸念

事実において、理事会・理事長権限が強化されてきた現実がある。そのため、24条が法人権限強化につながるのではないかという懸念が、野党から出された。それに対して、柴山文科相は「理事会や理事長の権限を強化する趣旨のものではなく、理事長と学長との権限関係に変更を加えるものでもありません。各学校法人においては、理事会を中心とする法人側と学長を中心とする大学側とが、法律に基づく相互の役割分担を理解し、協力し合いながら学校運営を行っていくことが重要」と答えている。[7]

法案審議の最後の委員会審議で、杉尾秀哉参院議員（立民他）が「理事会側が、（略）二十四条の教育の質の向上を根拠にして大学の教学に介入するということは、これは違法であるというふうに理解してよろしいんでしょうか」と端的に質問した。白間私学部長は、「理事会が大学において行われる教育研究の個別の内容について決定ができるようにする、そういったようなものではない」と回答した。[8]

ポイントは、教育研究の「個別の内容」である。法人（理事会・理事長）は、教育研究の「個別の内容」について関与できない。しかし、法人が教員全体に対し、教育研究の内容（シラバス等）の基準や形式においては「一括して指示できる」、という解釈を隠した答弁と読むことが可能である。

国会審議において、私学法24条と別表9との関係を問う議員はいなかった。別表9は、その年の3月に公開され、非公表の客観的指標調査票が各大学に提示されたのは、おそらく6～7月であろう。法律は5月に可決されている。それゆえ、24条の審議の過程で、この条文のほんとうの意図を理解する議員はいなかったのである。

文科省関係者は、後日私学法24条の「教育の質」を、次のように説明している。

> 「教育の質」については、例えばカリキュラムの充実や優れた教員を数多く配置すること、学習環境の整備、図書館等の充実など多岐にわたるものと考えられる。[9]

「教育の質」に、「カリキュラムの充実」を含め、さらに「多岐にわたる」という解釈は、憲法（23条）、教基法（「不当な支配」）、学教法、私学法をふまえれば、法人（理事会）業務の不当な拡大解釈であり、違憲、違法である。

ま と め

　私学助成法（1975年）にもとづく国庫助成の経常経費に占める割合は、減少の一途をたどり、今や8％台にまで落ち込んでいる。減少する助成金を私学統制に利用したのが、2013（平成25）年度からはじまった総合支援事業だった（改革の点数化）。わずかな補助金をめぐり、私大が文科省の言いなりになる現実を見て、文科省は国庫助成のシステムそのものに改革の点数化方式を持ち込んだ。それが別表9である（2019〔平成31〕年3月）。ところが、別表9にもとづく点数を記述している客観的指標調査票は、教育学問の内容に深く関わる。これは、国庫助成の業務を担う法人理事会が、教育学問の内容に関与することを意味する。

　文科省（私学事業団）は、私学法人が教育学問に関与する客観的指標調査票を秘密文書にできないため、中途半端な「非公表」扱いの文書にした。そして、別表9にもとづく法人の教育学問への関与に法的正当性を付与する意図をもって、私学法24条（案）を急きょ準備し、「学校教育法等の一部を改正する法律」（案）に、当該規定をもぐり込ませたと思われる。

　私学助成における別表9は、学教法と私学法にもとづく私学のあり方を大きく変容させるものである。別表9は、私学の学問の自由・大学の自治の否定につながり、憲法違反、法律違反の疑いが強い。

　【補足】　大会の分科会報告資料で、2014年学教法「改正」問題、私学助成問題、コア・カリキュラム問題、の3点を書いた。分科会報告は私学助成問題を中心におこなったので、本稿はそれに合わせた。他の2点については、別稿を予定している。

1）　https://www.shigaku.go.jp/files/s_hojo_r05y.pdf, last visited 27 May 2024
2）　https://www.shigaku.go.jp/files/s_tokuho_r05y.pdf, last visited 27 May 2024
3）　文科省の国会答弁によると、2021（令和3）年度の経常経費にしめる補助金の割合は、8.9％である（文部科学委員会議録第15号令和5年6月2日20頁）。
4）　2024年3月6日、私は日本私立大学教職員組合連合に電話し、別表9について質問したところ、「令和5年度教育の質に係る客観的指標調査票」（入力要領を含む）全18頁（Word版）（以下、客観的指標調査票）を、添付ファイルでもらうことができた。後日、勤務校大阪経済大学の斉藤裕士事務局長のご厚意で、2019年度から2024年度までのすべての客観的指標調査票（PDF版）を入手した。また、2024年3月18日・19日の両日、私は私学事業団に電話し、助成部補助金課職員に質問した。以下がそのときの記録である。
　　Q1　客観的指標調査票は、ホームページ等で公表されているのか？
　　A1　非公表が原則。ほしいといわれても、差し上げられない。
　　Q2　客観的指標調査票は、各大学にどのような方法手段で送られているか？
　　A2　電子窓口システム。各大学でDLして下さいという方式。
　　Q3　作成主体が明示されていないように思うが？

A3 　事業団が、文科省と調整しながら作成している。具体的プロセスは非公開。
Q4 　客観的指標調査票の最終承認責任者は？
A4 　理事長名で発出している。
Q5 　総合支援事業の調査票は公開されているが？
A5 　事業団が関わっているが具体的に答えられない。委員会（文科省）の審議を経て発出しているとだけ答えられる。事業団理事長と高等教育局私学部長の連名で、各大学に送付している。
Q6 　別表9の客観的指標調査票が非公表という意味は？
A6 　公表していない、大学の事務担当者以外には渡さないという意味。ただし各大学でどういう扱いになっているかは追っていない。
Q7 　教員が勤務校の事務担当者に客観的指標調査票をくださいといったら？
A7 　大学の判断です。

5）　私は、仮説検証のため、文科省に電話で私学法24条と経常費補助別表9の関係を質問した（2024年08月21日15時）。2024年08月23日11時半、文科省私学助成課から折り返し電話があった。文科省としては、24条と別表9は関係はない、とのことだった。将来、別表9が法的紛争の対象になるときにはじめて、24条（現行16条）が別表9の根拠として持ち出されると、私は考える。

6）　衆院・文部科学委員会議事録第7号平成31年4月3日27頁。
7）　衆院・文部科学委員会議録第8号平成31年4月10日9頁。
8）　参院・文教科学委員会会議録第9号令和元年5月16日8頁。
9）　松坂浩史『逐条解説私立学校法〔3訂版〕』（学校経理研究会、2020年）142-143頁。

――〔討　論〕――

大学法制の変容と学問の自由・大学の自治

司会　堀　口　悟　郎（岡山大学）
　　　光　本　　　滋（北海道大学）

　司会（堀口悟郎）　石川会員の報告への質問から。まず松原会員からの質問。報告と教員身分法との関係について詳細を求める。

　石川多加子（金沢大学）　教員身分法の提案については教育刷新委員会の第3回建議事項であり、その中のひとつに教員身分法の制定があった。その内容は、主なもので言うとまず教員の定義と身分。官公、私立の学校全部全て教員は特殊な公務員としての義務を有する。次に、身分の保証について、教員は刑法で有罪になる、懲戒処分、教育審査委員会の結果による場合の他は、一定の事由によるものでなければ、その意に反して職を免じられることがない。教員審査委員会というのは労働組合とは別の教育者連合、職能団体としての教員組織である。その他に、減俸の制限、転職や転任の制限を盛り込もうとした。

　司会　松原会員、なにか発言は。

　松原信雄（清泉女学院大学）　石川会員は報告で教員身分法案を取り上げたが、いまこの状況下で教員身分法案がどのような意味を持っていると考えているのか。

　石川　研究者教員の学問の自由、教育の自由というのは、国や都道府県、私学といった設置者及び管理者の如何を問わず、同様な学問や教育の自由がなければ、憲法23条だけではなく26条の教育を受ける権利をも損なうことになる。この法制度がもし叶っていれば、国公私立の別を問わずに、状況が良くなっていたかもしれない。そうした意味で取り上げた。

　司会　続いて、田中会員から質問。学問の自由と学生の関係の説明を求める。

　石川　大学自治、教授会自治、学問研究の自由と関わって今大きな問題となるのが企業統治。この流れは大学資本主義と関係している。国立大学法人法が2回改正をされ、国立大学は自らの土地活用や資産運用全般に対して投資ができるようになった。また、国立大学に予算がない現状において、資金がなければ研究は滞る。故に、企業や国及び地方公共団体との共同研究、受託研究が奨励される。こちらから言及すると、国等が配分しているような競争的研究資金に対して、立候補し採択されれば資金が得られる。しかし、これは国家に主要な研究をする方向に誘導されかねない。また、企業等との受託研究等については、例えば、新薬開発の場において、本来は効能がないにもかかわらず、あたかも効能があるように粉飾された研究成果を提出せざるを得な

い状況に陥る恐れがある。故に、研究者には紐付きでない研究資金が必要となる。また、資産運用の実態については、もう既にいくつか、大学の土地活用等の実例として新聞等で報道されている。例えば、東京海洋大では品川キャンパスと越中島キャンパスにそれぞれ 10 階建てのマンションを建てる構想がある。他に、東京大学は白金台キャンパスや目白台のキャンパスに滞在アートホテル、医療サービスを有しているマンション、高齢者用の施設を建てるという計画が公表されている。

これも最近問題となったが、京都大学が吉田寮を廃止し、同様に金沢大学も学生寮を廃止した。こうした流れは、大学の資産運用に関わっているのではないか。学生寮を廃止し、学生が出ていけば、その土地を活用できるようになる。大学が資金難を背景として長期的で営利目的の投資や土地活用等を推進すること、これらは学生の視点からはどのように映るだろうか。戦後、新制国立大学を各都道府県に設置したのは、憲法 26 条の具体化であった。しかし、大学がこのような形で資産運用をすること、それがなにか学生に還元されるのだろうか。

他にも、学生の大学自治への参加という視点もあるだろう。名古屋大学は 1980 年頃に平和憲章を作成したが、これは学生も自治的に参加し作成されたものであった。そういう意味で、京大の吉田寮もかなり自主的で自治的な運営をしていたのだろうが、そうした学生達をただの管理の対象と見ていてはいけないのではないか。

司会 田中会員、発言は。

田中佑斗（北海道大学院） 教育を受ける者でもあり研究をする者でもあるといった意味での学生と学問の自由との関連性についてはどうお考えか。

石川 国立大学法人によっては資金難を背景に、十分な教室の改修等も進んでいないといったような、憲法 26 条の保障の点からいって問題となる状況がある。教育内容についても、例えば教員の後任が十分に雇われない、後任人事が円滑に決まらないといったことはよく起きている。もう後任を取らないという事例もある。金沢大学では富山大学と共同教員養成課程を設け、どちらかの大学に担当できる教員がいれば、後任を雇わない。これは、学生が受ける教育の質が低下しているような状況だ。学生には、自分たちが学問研究をする自由と共に、その内容についても要望を出すことを求める。教員と学生の信頼関係の上に成り立つような授業の改善案の要望などだ。これらが損なわれつつあるのが今日の大学ではないか。教員がいない状況では質問することなどもできない。

司会 続いて、金原悠介会員（立命館大学学生）からの質問。日経新聞における遠山敦子元文部科学省大臣の記事の内容について、どのようにお考えか。

石川 遠山元文部科学大臣はいわゆる遠山プランを提出した本人であるが、記事内の見解によると、本人が考えていたよりも国による大学への様々な管理統制が強まった。もう少し大学に自由裁量の余地を与えるべきだと。これには同意するが、しかし、

文科省及びその後ろに日本政府、財界があるのだから、自由裁量にも限界があるのではないか。国立大学法人化そのものが間違いだったのではないか。

司会 次に、浦野会員からの質問。1点目に、今日の大学の管理運営の現状は違憲状態にあると言えないか。2点目に、憲法学は大学の管理運営が合憲である最低限の要件を提示できるか。

石川 今日の大学の管理運営の現状は違憲状態で間違いない。学問の自由が風前の灯火であり、教育の自由、大学の自治についても同様だ。大学の自治について、学長及び学部長からのトップダウンで様々な人事が決まるという今日の状態が外形的にはあたかも大学の自治であるかのようになっている。しかし、それは本来の大学の自治ではない。大学を構成する教員及び学生を含めて、自主的に様々な授業及びその開講、その他を決めていくという状態でないと大学の自治とは言えない。

憲法学として、大学の管理運営が合憲であるという最低限の要件の提示についてだが、これをひとつひとつ検討するのは非常に難しい。ただひとつだけ間違いないことは、大学を構成している研究者教員が、授業やその他に様々な場所で、研究内容を発表することに対して恐れを感じない状態にあること、これが大学における最低限度の管理運営要件の合憲ということではないか。先の高津会員からの報告にもあったように、理事会からの抗議を受けるのではないかといった恐れは現実として存在している。

司会 浦野会員、発言を。

浦野東洋一（東京大学名誉教授） 2018年11月26日に中央教育審議会（以下、中教審）において「2040年に向けた高等教育のグランドデザイン」という答申が出た。私は大学の自治が死語になったと考えていたが、この答申では、大学の自治及び憲法で保障されている学問の自由というのは、大学と教育研究者に蓄積された知識に基づいた研究と、その結果の教授の自由であり、大学の自治はこれらの自由を保障するためのものである、としている。つまり中教審答申は大学の自治を死語だとは思ってない。また、この答申の内容や最近の一連の高等教育政策を見るといずれも合憲状態にあろうことを前提とする主旨の言葉ばかりだ。我々の考える大学の自治と答申の中で言われているそれとは、途轍もない違いがある。憲法学において、大学の自治に関しては具体的なものはほとんど触れていない。今後、憲法学から大学の自治の構成要件の最低基準を提示していただきたい。

石川 憲法学の側から最低の要件を提示すべきだということ、銘肝しておく。

司会 続いて高津会員の報告に対する質問に移る。まず、横山会員からの質問。1点目に、コア・カリキュラム（以下、CC）の法的位置付けはどのように捉えられるか。2点目に、私学助成への影響の問題はまた別の論点となるように思われる。

高津（大阪経済大学） 2点目の質問から回答すると、私学助成の問題を主に発表する予定だったが、関連するものとしてシラバスの問題が無視できないものとして出

てきた。問題はCCだと考え、分析したところ、当初の予想以上に大きな問題であった故に、私立学校振興助成法（以下、私学助成法）改正とCCの大きな二つの内容になったという経緯がある。次に1点目の質問であるCCの法的位置付けについては、東京大学の勝野正章先生の研究によると、CCを認定基準とすることは、教職課定科目の内容に踏み込む、実質的に新たな認定基準追加にあたると評価でき、適用基準を適用するために必要な確認事項の範疇を逸脱している。認定基準としては法令に定める基準の手続的補足を定めた部分のみが有効であり、それを超える部分については指導助言基準にとどまるとのことで、基本的にこの見解に私も同意する。

司会 横山会員、何か発言は。

横山岳紀（名古屋大学院） 2点目の質問について、私学助成への影響の問題は二段階ではないかと考えている。シラバス作成の厳格化は私学助成に通らなくなるが故に、大学が教員に圧力をかけるという内部圧力の問題である。私学助成は大学に対して交付されるものである。大学に対しての財政統制の問題と、大学内部における教員に対して教育の自由の制約という二段階に分けられるのではないか。

司会 続いて、川上大貴会員（中央大学大学院）から3点質問が。まず1点目、CCの問題は大学全体の問題という認識で良いか。2点目、教員免許取得という目的がある科目については、授業内容に何らかの全国的共通理解が必要と考えられるが、そこはどのようにお考えか。3点目、シラバス通りの内容で授業をすることは、シラバスを見て授業を取った学生の教育を受ける権利の保障の面もあるが、その中でどの程度教員はシラバスを逸脱できるか。

高津 1点目のシラバスの話は私大だけでなく大学全体の問題という認識で問題ない。2点目の教員免許取得という目的に関わって、共通理解が必要ではないかという指摘について。教育の改革とは慎重に行うものである。現状或る問題が起きているので、その問題を解決するための改革を講ずるというのが一連の流れだ。その現状分析ができているかどうかが、最初の一歩である。ところが、教員職員免許法（以下、教免法）改正の流れはその視点に乏しい。私が就職した時は、シラバスはなく科目名称だけで運営していた。そのように運営していた時代にどういう問題があったのか、その検証が必要だ。教職の課程認定はおおよそ10年ごとに教免法改正に基づき改革がなされる。法律の改正から、その法に基づいて学んだ学生が、大学を出てどのような教師になったかという検証が、十分な期間がないためになされず、その間に次の改革の話が持ち上がる。こうした問題がある以上、教職過程で共通内容を考えることにも一定同意するが、上から共通内容だと抑え込まれている現状があるのだから、まずはそれをはねつける議論を行うのが必要ではないか。このことを自覚しないまま共通内容が必要だと議論をすると、上からの圧力を強化しかねない恐れがある。3点目のシラバス通りの内容で授業を提供することについて、一橋大学の佐藤郁恵先生の研究に

よると、本来のシラバスと日本のそれは異なるという。欧米におけるシラバスとは学生に配布される印刷資料であり、授業名・科目番号・教室日時・講師名・研究室の場所・電話番号・講義の目的・スケジュール・成績評価の方法・履修条件などが示され、原則的には、講義の責任者の裁量で作成される。配布は、その講義の開始前後という例が多い。通常は講義の出席者のみに提供され、場合によっては講義が始まってから配布される。日本でいうシラバスに近いものは、欧米にもあるが、それはコースカタログである。これは、大学や学部で行われる全ての科目の担当教員名・科目番号・単位数・各講義の内容の概説を数行でまとめたものである。欧米のコースカタログとシラバス、これらを折衷したものが日本独自のシラバスだ。つまり、シラバス通り授業を展開するかしないかという議論の土台として、そもそもシラバスとは何かという話をしないといけないだろう。

司会 続けて、関連する質問を2つ。まずは金原会員（立命館大学学生）から。教員が授業の方向性を縛られているとのことだが、打開策についてはどのようにお考えか。関連して青木会員からの質問。カリキュラム編成の自由と教授の自由、大学の自治と学問の自由は譲れぬ最後の一線である。これが公然と侵害されているのはどのような論理によってであるか、教育法的に対応できないのか。

高津 学問の自由の法理、論理でどのように対抗するか。例えば我々が、学問の自由に反していると主張した時、学問の自由を適用しないといった答えが返ってくる恐れがある。実際に、CCを推進する人になかには、学問研究の自由は教職とは馴染まず、教員養成の開放性の原則などないのだと主張する者もいる。開放性の原則とは、教員養成において、学問の自由が適用されている学問の論理を学んだものが教員になるということ。これを否定し、学習指導要領に拘束された括弧つきの学問を学んだ学生が教師になればいいという、目的養成に近い発想だ。学問の自由というのが対抗軸にならないとなると、どのように対抗すべきか。教育の論理で対抗しようという先生方もいるが、やはり原則としては学問の自由というものを立てたい。この論点に関しては他の会員の意見も聞きたい。

司会 青木会員、発言を。

青木茂雄（東京都高等学校教育法研究会） カリキュラム編成の自由は大学自治の根本。これはどんなことがあっても譲れない。なぜ再課程認定が、これだけの力を持つのか。再課程を認定するとは法的にどういう論理があるのか。

高津 再課程認定とは、教免法の改正及びその施行規則が改正された時に、教職に関する科目の単位数や工夫等が変わり、それらに基づいて教職課程を有する大学がもう一度認可を受けるということになっている。

青木 一体どういう根拠で内容まで関わるのか。再課程認定だからといって内容まで譲歩していいのかと強い疑問を持っている。また、CCも、元々は戦後のカリキュ

ラム運動の中で出たコア・カリキュラムという全く違う概念を用いて、あたかもそれが教育学の重要原理であるかのように振舞っていることも問題ではないか。

司会（光本滋）　最後に、石本裕二会員（立正大学）からの質問。報告者両名に対し、奈良教育大学附属小学校（以下、附小）の授業内容への介入は、憲法23条学問の自由の規定に従えば問題ありと考えるが、報告者両名の意見を求める。本来は両名に質問への回答を願うところだが、時間の都合上、質問内容を踏まえた上での全体のまとめとなる発言を願いたい。石川会員から。

石川　附小の問題は非常に危惧している。初等教育機関、中等教育機関にも教育の自由があるのだから、憲法23条違反で間違いない。いわゆる附属学校は一般的に、自由な教育をする実験校としての意味を持つ。今の附属学校に対する社会の認識が異なってきているのではないか。

まとめとして、今はもう学生の中で戦争の記憶が過去のものとなっている感じがある。国際社会ではいまだに戦争が続いているのに、どうして身近な問題として考えられないのか。これには、やはり教育が影響しているだろう。大学教育とは何かを改めて問い直し、同じ問題意識を持つ我々が連携、連帯していかねばならないだろう。

髙津　附小の問題は学習指導要領の逸脱に論点を収斂することができるだろうが、他にも論点があろう。多岐にわたる論点をどのように整理するかが重要である。

最後に、教授会が諮問機関になったという点に私はこだわりたい。問題の焦点は憲法23条の解釈にあるだろう。憲法学でこのことがあまり探究されてこなかったという状況、司法の側も憲法判断を避けたいという傾向があるのではないか。憲法を盾に取って立論しようとも、司法の場で取り上げられないと意味がない。だとすると、もっと国家の大きな枠組みの中で学問の自由の問題を考えていかねばならないだろう。

司会　以上で分科会を終了する。本分科会では、当初は国立大学と私立大学それぞれに報告者を立て、それぞれの側における問題を報告いただくことを企画していたが、本日の議論はむしろ共通的な問題についての議論が中心となった。教育法学会にふさわしく、教授の自由及び学問の自由を、いかに両側に共通する対抗軸にしていくのかという本質的な点が論じられた分科会であった。

　　　　　　　　　　　　　　　　　　　　　　（文責・浜田優希也）

公開シンポジウム

子どもの権利条約からみた子ども・学校の現実
——不登校・いじめ・子どもの権利救済——

報告者　石　井　拓　児
　　　　間　宮　静　香
　　　　熊　谷　直　樹

〔報告1〕

子どもの権利条約批准30年と教育法制度構造の質的変容

石 井 拓 児

(名古屋大学)

I 子どもの権利条約批准30年と子どもの権利の国内法規定

1 子どもの権利条約批准30年と「失われた30年」

日本が子どもの権利条約に批准して30年が経過した。条約の批准に向けた日本政府の対応は、子どもの権利の法整備に必ずしも積極的であったとはいえず、そのことは各方面から厳しく指摘されるものであった[1]。とはいえ、条約批准により、国連子どもの権利委員会によるモニターを受け、また、市民団体がその都度カウンターレポートを積極的に作成して提出するなどの地道で粘り強い活動が広げられてきたことは特筆すべきことがらであろう。子どもの権利委員会はこれまで4度にわたり日本政府に対して勧告を出し、こうした影響も受けながら、児童虐待防止法の制定(2000年)や児童福祉法改正による児童虐待の定義の見直し(2004年)、障害者差別解消法(2013年)や子どもの貧困対策推進法(2013年)の制定、民法改正による親の懲戒権規定の削除(2022年)、そして、条約に示された子どもの権利の4つの原則を明示したこども基本法(2023年)が制定された。国内法の整備に先駆け、子どもの権利を規定した条例を制定した自治体や、独立性を有する子どもの権利擁護機関を置く自治体もある。

しかしながら、この30年間は、緊縮財政を基本政策とする新自由主義改革が押し進められ、多くの社会保障領域で制度的後退ないしは解体がすすめられた30年でもあった。労働破壊・生活破壊がすすみ日本経済は停滞し、「失われた30年」と呼ばれている。

労働破壊・生活破壊の根本的な要因は、労働法制の規制緩和にあると筆者は考えている。1985年に制定された労働者派遣法は、1996年の改正で適用対象業務を拡大し、1999年の改正では適用対象業務を原則自由化した。1997年の大学教員任期法の制定、2001年の義務標準法改正によるいわゆる「定数崩し」によって教育分野にも波及してきた。その間、公務労働は大幅に縮小し、会計年度任用職員が増加してきた。2000年代初頭で80万人いた公務員は、2020年には30万人以下となっている[2]。

また、教育法研究の立場から検討しておかなければならないは、新自由主義改革の一環としてすすめられてきた30年にわたる「教育改革」とはどういうものであった

かということであろう。その全体像を示すことはこれを本格的に論じた研究書にゆずることとし、ここではさしあたり現在の子どもの権利保障との関係で、①教育条件が後退・縮小してきたこと、②競争的な教育環境が導入されてきたこと、および、③企業経営的手法が学校や教育行政に持ち込まれてきたこと、を挙げておきたい。

　加えて、「子どもの権利をめぐる 30 年」を総括するうえで考察しておかなければならないのは、新自由主義改革がもたらす民主主義的な意思決定過程の変容という問題である。教育政策の意思決定過程の変容については、本学会の昨年の総会での本多報告がつぶさに検証しているが、それとともに、学校内部における意思決定過程の変容をみる必要がある。

　戦後日本において、教員の自主性や主体性、教育の自由と自治を自覚する教育実践・教育運動のなかで大切にされてきた「学校づくり」という言葉がある。今、学校づくりの困難さを嘆く教職員の声が、どこに行っても筆者の耳に入ってくる。教育の自由・自治に対する外部的介入の問題とともに学校・教員の自主性・主体性の内部からの崩壊、さらには地域的要因・家庭的要因も含め、複合的な問題の構造が横たわってきている。その構造をどう読み解くか、学校制度をめぐる 30 年の変容とその総括という視点から迫りたい。

　とりもなおさずその中心的な課題は、学校における子どもの権利侵害状況がなおも温存（ないし拡大）するのはいったいなぜかを考察することにある。なぜ不登校・登校拒否は過去最多を更新し続けるのか、「指導死」とよばれる新たな問題が生じ始めたのはいったいなぜか。少子化によって激しい受験競争は緩和されたのではなく、むしろいっそう苛烈になったとみるべきではないか。

　さらにこうした背景に、教育政策と教育課程づくり（学校内部的教育政策）をめぐる意思決定過程の変容・変質があり、こうした変質は単に国家的・行政的な教育内容・教育課程への干渉・介入の強まりとしてのみとらえられるわけではなく、学習指導要領そのものの変質、教育目標・学習評価の位置づけの変容、入試制度その他さまざまな制度の変容を含め、より構造的に引き起こされているとみるべきであろう。

　教育予算の削減、教員の多忙化、教育介入の強まり（例えば奈良教育大附属小問題）など、まさに「学校破壊」ともいうべき状況のなかで広がる「子どもの権利（侵害）の現実」をとらえると同時に、学校破壊に抗する学校づくりのこれからの課題や展望はどこにあるのかを考察する。

2　国連子どもの権利委員会は日本の学校における子どもの権利の状況をどう認定してきたか

　これまで、国連子どもの権利委員会は、日本政府に対し、4 度の最終所見を提示している。それぞれの総括所見は、第 1 回（1998 年）、第 2 回（2004 年）、第 3 回（2010

年)、第4・5回 (2019年) に出されている。これまでもそのつど指摘・勧告されてきた問題に、学校における体罰の横行、いじめの多発、子どもの意見の尊重が制限されていること、思春期の子どもの精神的健康が害されていること、子どもに対する社会的支出が低いこと、子どもの貧困などがある。なかでも、日本における子どもの権利保護に関する制度的な問題点として、包括的な子どもの権利に関する法令を制定することや子どもの権利を監視するための制度を整備するよう指摘がなされてきた。

　直近の第4・5回総括所見 (2019年) でなされた指摘を整理すると、次のようになる。第一に、子どもの権利に関する包括的な法律を採択すること、第二に、子ども政策のための包括的実施戦略を策定すること、第三に、横断的な調整を行う（行政）機関を設置すること、第四に、子どもの権利実現のための公共予算編成・予算策定手続を確立すること、第五に、子どもの権利を監視するための具体的機構を含んだ、人権を監視するための独立した機構を迅速に設置すること、である。この総括所見が出されたのちに、2023年にこども基本法が施行され、こども家庭庁が発足し、こども大綱が策定された。第一から第三の点は実現したものの、第四と第五の点についてはまだ対応が遅れているということになる。

　国連子どもの権利委員会が、日本における競争的な教育環境、競争的な学校制度の問題を繰り返し指摘してきていることは、よく知られるところである。「高度に競争的な学校環境」が、日本の子どもに強いストレスを与えているとするものである。この、「高度に競争的な学校環境」については、微妙にその表現が変化してきているとの指摘がある。児玉によると、第1回最終所見は「highly（高度に)」、第2回最終所見は「excessive（度を越した)」、第3回最終所見は「extremely（極度の)」と表現され、直近の第4・5回最終所見では、「あまりに競争的なシステム (an overly competitive system) を含むストレスフルな学校環境から子どもを解放することを目的とする措置を強化すること」(パラ39(b)) とされており、日本における競争的な学校環境は深刻さを増しているととらえられている。

　2020年以降、不登校・登校拒否の子どもの数は激増している。コロナという特殊事情に目を奪われてしまっては、根本にある日本の学校教育制度をめぐる問題構造をとらえることができなくなってしまうのではないか。以下、不登校・登校拒否問題に連なる制度問題について検討してみることにしよう。

II　教育財政の縮小がもたらす学校のなかの子どもの権利侵害

1　教員の多忙化・大規模学級の温存が招く子どもの権利侵害

　1990年代後半以降、日本の教職員定数・学級定員の改善はずっと置き去りにされてきた。教員の多忙化問題は、当然ながらその結果である。その背景に、新自由主義改革による公財政教育支出の抑制があることは明らかであろう。

こうした状況にあって、多くの教師が子どもの気持ちに寄り添う時間を奪われている。このことは、子どもの意見表明権の侵害状況がかなりの広範囲にわたっていることを推測させるものである。学級定員の規模が大きくなれば、当然ひとりひとりの子どもの発言機会や教師との接触機会が減少するからである。
　教員の多忙化がもたらすものは、そのほかに、学校内外における子どもの権利に関わるさまざまな問題を生じさせていると言わなければならない。ひとりひとりの子どもの学力保障にも重大な影響与え、また、学校と保護者、学校と地域との連携・協力をも難しくさせるであろう。そうなると、学校・教師が子どもの家庭や地域における生活環境に十分に関わることや支援を要請することも難しくなる。各地のいじめ調査委員会は、いじめ発生時の学校・教員の初期対応の問題を指摘している[9]。いじめの初期対応としては、複数の加害生徒がいる場合、それぞれ個別に、しかも同時に聴き取りをして事実の確認をする必要があるが、教員の多忙化が、いじめに対するきめ細やかな対応、組織的な対応を難しくしているのではないかと推察される。
　何よりも、そうした状況のなか、結果として管理的な教育スタイルが浸透せざるをえなくなる構造をとらえておく必要がある。学校教育活動は、どこまでいっても集団的に営まれるものである。過大な学級規模、学校規模において子どもの集団生活を統率しようとするならば、相当な無理や負荷がかかるのは当然のことである。教員が大声で子どもたちを統率しようとする場面やそれでも言うことを聞かない子どもを強い口調で叱責する場面に、私たちは何度でも出くわしたことがあるはずだ。学校・教員の子どもの権利に対する認識を嘆く前に、日本の学校教育の劣悪な環境や条件の問題を指摘する必要がある。
　また、多忙化の中、日本の教員の自主的な研修機会が奪われてしまっていることも含め、何より重大な事態は、学校のなかで教員同士が話し合い、協議をしながら子どもの最善の利益となる独自の教育課程を編成することができなくなってしまっている点にある。
　なお、国際人権規約社会権規約13条は、2項(e)において「すべての段階にわたる学校制度の発展を積極的に追求」することとし、「教育職員の物質的条件を不断に改善すること」としている。30年間にわたる日本の教職員の制度的条件整備に対する政府の不作為は、厳しく問われなければならない。

2　教育費負担が引き起こす不登校・登校拒否問題

　日本の公財政支出が低位にとどまり、それゆえ、多くの私的な教育費負担が取り残されている。文部科学省の「子供の学習費調査」によれば、公立の場合でも、年間で、小学校で10万円、中学校で17万円となっている。また、公立高校では31万円となっている。「高校無償化」というとき、授業料のみを念頭におく場合が多いが、授業

料以外の教育費負担がかなり大きいことをどう考えればよいであろうか。

「隠れ教育費」としてこの問題を調査している柳澤・福嶋は、授業料以外の教育費負担を綿密に調査したうえで、次のような実態を告発している。すなわち、「入学前に大量の指定品を購入しなければ、わが子が入学できない。だから、無理をしてでも購入する―。中学校の制服購入のために借金をしたことがきっかけで多重債務におちいり、無理心中を図った悲劇が現にある」という。「学校指定品の購入・着用を義務づける校則は、じつは、学校教育の入り口で子どもたちをそこから排除する機能を果たす可能性が高い」との指摘はきわめて重要である。

子どもの権利条約28条は、初等教育の無償性、中等教育における無償教育の導入を規定している。国際人権規約社会権規約13条（1966年制定、1979年批准、初等教育の無償性。中等教育・高等教育の漸進的無償化に関する留保は2012年に撤回）とも接続的に理解される必要がある。国際人権規約社会権規約一般的意見11号（1999）のパラ7は次のように整理している（下線は引用者）。

> 7. <u>無料であること。この要求の性質は明白である。</u>この権利は、両親または保護者が無償で初等教育を受けられることを保証するために明示されている。<u>政府、地方自治体、または学校によって課される料金や、その他の直接的な費用は、初等教育を受ける意欲を失わせるものであり、権利の享受に対する阻害要因</u>となり、その実現を危うくする可能性がある。
>
> また、これらの費用は、多くの場合、非常に逆進的な効果をもたらす。<u>保護者からの強制徴収（実際には任意でないにもかかわらず、任意であるかのように見せかけられることがある）や間接的なコスト（比較的高価な制服の着用義務なども同じ範疇に入る）の撤廃</u>は、必要な行動計画によって対処されなければならない問題である。

このように、授業料以外の名目で費用負担が求められる学校徴収金について、これを「権利の享受に対する阻害要因」となるものであることが指摘され、保護者からの強制徴収や制服の着用義務などは撤廃される必要があるとされている。

「隠れ教育費」の存在は、海外にも事例がないわけではなく、日本が特殊であるということはできない。Tobinほかによれば、初等学校には、しばしば「間接的教育費（indirect fee）」もしくは「隠れ教育費（hidden fee）」があるとして、例えば、「高額な制服、強制的な教科書代その他がある。教育活動に参加するための自発的な費用というものもある」と指摘している。そのうえで、子どももしくはその親に財政的負担を押し付けることは、「無償の初等教育の権利の否定になる」と厳しく指摘している。

国連子どもの権利委員会は、「追加的教育費」「隠れ教育費」に対し強く批判的であ

り続け、この点について関心を表明し続けてきた。「追加的費用・隠れ教育費（additional or hidden fees and costs）」について子どもの権利委員会の総括所見のなかで指摘をされた国に、モンゴル、韓国、ベリーズ、コンゴ、シエラレオネ、トルコ、ナミビア、リベリア、ルワンダ等がある。「非公式費用（informal fees）」の指摘（ブータン、ウズベキスタン）、「間接的費用（indirect costs）」の指摘（ウガンダ、カメルーン）を受けている国もある。そのほか、交通費や制服代（コロンビア、ツバル）、学校備品費（フィリピン、コロンビア、セルビア、カナダ）、教科書・副読本（ウガンダ、セルビア、ベラルーシ、リベリア）のほか、試験料（トルコ）、入学料（コロンビア）、学校修繕費（キルギスタン）の指摘もある。教科書代や学校備品代を除けば、いずれも日本においては子ども・保護者に費用負担化されているのが一般的というべきものが多く含まれている点に留意が必要である。

Ⅲ 競争的教育環境がもたらす教育内容統制と子どもの権利侵害

1 新自由主義教育改革と競争的教育環境の醸成

公財政教育支出を抑制しようとする観点から、競争的環境が教育分野に持ち込まれてきた。学校評価・教員評価・授業評価・学力テスト・学校予算の評価配分・評価の教員給与と処遇への反映である。ここで、二つのメカニズム、競争と評価を機能化させるための政策メカニズムと公教育予算を縮減させるための政治メカニズムについて考察してみたい。

まず、競争と評価を機能化させる政策メカニズムである。国家的規模あるいは地域的規模で「競争環境」をつくりだすためには、国家的ないしは地域的な「スタンダード（標準）」を設定する必要がある。スタンダードがなければ、良いとも悪いとも「評価」できないからである。しかしながら、教育という営みは、人間（ネイチャー）を対象にするという本来的な「性質（ネイチャー）」がある。人間の成長発達はそれほど単純に横並びで評価することはできない。それゆえ、学校・教員は、子どもの人間発達の多様性をふまえた多様な目標を設定するのが通例となる。各学校が異なる教育目標や異なる教育内容を教えるようになれば、競争的環境は容易には生み出すことはできない。そこで、競争的教育環境を醸成するために、各学校の教育課程を国家的・地域的スタンダードに即したものにする必要が生じる。加えて、競争的な予算獲得をすすめるための学校内の組織整備として、校長の権限強化（校長のリーダーシップ論）や校内執行部体制の確立を進める新しい職（管理職）の整備（副校長・主幹教諭等）、その結果として学校教員の階層化がすすんだ。

なお、海外の研究には、こうした教育政策の特質を ELMA（Educational Leadership, Management and Administration）と呼び、新自由主義にもとづく学校改革が、全体主義的な統治と支配の仕組みをもたらす構造を鋭く批判的に考察するも

のもある。[13]

　次に、公教育予算を縮減するための政治メカニズムである。公教育予算の削減の障壁は、とりもなおさず予算削減に反対する勢力の力を削ぐことにある。それは端的に言って、学校内の教員集団であり、地域単位で構成される労働組合や任意の教員団体ということになる。また、学校と地域、学校と保護者の連携・協力もまた、公教育予算削減の障壁となる場合がある。教員の多忙化は、学校内外における教職員の集団的力量を弱め、また、学校と地域の協働的な関係性を弱めるものであったことは間違いない。

　以上のような、二つのメカニズムの結節点に、職員会議の形骸化政策——具体的には2000年学校教育法施行規則改正による職員会議の規定——の含意があったであろう。学校の内部規定を監査・監視するような事態も引き起こされてきたし（東京都）、学校単位での「確認書・合意書」の破棄を求める動きもみられた（北海道・広島県）。

　保護者・地域の活動主体の消失という問題もあげておこう。教職員だけが主体性を奪われてきたのではなく、教職員を支える保護者・地域との協働関係もこれを維持することが難しい状況が生み出されてきたのではなかったか。

2　競争を自動化する装置としての教育目標の設定と教育内容の国家基準化[14]

　こうした状況を決定づけたのは、まさに2006年教育基本法改正（新設2条に「教育目標」を規定）であったということができるであろう。これを受けた2007年学校教育法改正では、21条に普通教育の目標が規定され、同30条に「学力の3要素」（①基礎的な知識・技能、②思考力・判断力・表現力等の能力、③主体的に学習に取り組む態度）が規定された。

　この後、各学校・各教員は、各単元案・各授業案ごとにそれぞれの実践や課題が「学力の3要素」とどう結びついているのかを意識化して明確化することが求められるようになったばかりでなく、単元の終了段階で行う各種の課題やテスト等においても、どの要素をどのように評価するか基準化・規準化し、細かに測定しなければならなくなった。

　全国学力・学習状況調査（2007年より実施、全国学力テスト）が実施されるようになると、この調査では、わざわざ「知識に関する問題（A）」と「活用に関する問題（B）」をおき、学力の3要素でいう①と②を分けてその到達段階を測定していた（2018年まで）。B問題の難易度が相当高いものであったことは言うまでもないことであるが、これが、各地の高校入試問題や大学入試問題で類似する問題が作成されるようになると、多くの小学校・中学校・高校の定期テストや塾や予備校の模擬テスト問題として一気に普及していくようになる。全国学力テストの波及効果は、単に競争的な教育環境を導出したというにとどまらず、国家基準として設定した人間像（資

質・能力）とその人間像を測定するためのテスト様式や出題様式を、各学校の教育活動のなかにきわめて単純化した形で押し付けることにもつながったのである。

3　学習指導要領と競争的入試環境の暴走

こうして教育基本法改正後、2008 年学習指導要領の改訂と 2018 年学習指導要領の改訂を伴い、競争的入試環境は新しい段階に入ったとみられる。

第一に、授業時数の増加とともに学習難易度が飛躍的に上昇したことにある。2008 年の改訂では、小学校で国語・社会・算数・理科・体育の授業時数を 10％程度増加、週当たりのコマ数を低学年で週 2 コマ、中・高学年で週 1 コマ増加、中学校で国語・社会・数学・理科・外国語・保健体育の授業時数を実質 10％程度増加、週当たりのコマ数を各学年で週 1 コマ増加させている。また、2018 年の改訂では、小学校の外国語・英語の時間数分の授業時数が増加（小学校中・高学年で 35 時間）、これまで小学校学習指導要領に明記のなかった英単語の語彙数の目安（600〜700 語）をおき、中学校ではこれまで 1200 語が 1600〜1800 語に、小学校で習うべき 600〜700 語と加えて中学校卒業段階で 2200〜2500 語を習得することとなっている。高校では 1800 語から 1800〜2500 語、高校卒業レベルで 3000 語から 4000〜5000 語へと学習すべき内容が大幅に増加している。高校段階で習っていた五文型、現在完了進行形、仮定法、原型不定詞が中学校の学習範囲となり、中学校数学では、解の公式や二次方程式、球の面積が復活している。

第二に、国家的教育目標に準拠した学習評価が求められるようになったことがあげられる。いわゆる「目標に準拠した評価」が取り入れられたことに伴い、学力の 3 要素をふまえた「観点別評価」が持ち込まれてきた。

「②思考力・判断力・表現力等」や「③主体的態度」はテスト試験や課題（例えば作品提出）だけでは測定できないため、日常的な学習活動が評価の対象となる。そのなかには家庭での学習状況（例えば宿題の提出状況や宿題以外の提出物）も含まれる。定期試験や単元テストのみならず、子どもたちの学校生活全体そして家庭生活までもが評価のまなざしの対象になってきたのである。[15]

今や、定期テストや単元テスト、業者テストが懸命に①〜③を測定しようとしてテスト問題の開発を繰り返している。結果、各種のテストは大幅に難易度があがっている。新学習指導要領における「主体的で対話的な深い学び（アクティブラーニング）」もまた、「学力の 3 要素」ならびに「資質・能力」論の教育法規定の一環に位置づくものである。授業内での子どもの主体的な取り組みの状況そのものを「評価」の対象とすることを可能にする授業スタイルだからである。いじめ経験のある子どもにとって、また、自己の意見表明が苦手な子どもや場面緘黙を抱える子どもにとって、「アクティブラーニング」は非常に強いストレスを与えるものである。2020 年を境に激

増した不登校・登校拒否の背景に、2020年完全実施となった新学習指導要領の影響をみないわけにはいかない。

Ⅳ 困難に直面する学校づくり、課題と展望はどこにあるのか

1 職員会議の無力化・無効化状況をどう乗り越えるか

多くの学校教職員は、「話し合っても仕方がない」「(お金をとってくるためには／入試で合格させるためには) やるしかない (子どものためだから)」と感じているのではないか。また、「忙しいので会議の時間を削りたい」「会議する時間があれば子どもと過ごしたい」と考える教職員も少なくないと思われる。背景に新自由主義教育改革とりわけ競争的な教育環境の醸成ならびに教育条件の後退がある。

ここでは、もうひとつの制度的背景に、戦後日本の競争的教育環境＝受験競争システムがあることを指摘しておきたい。しかも、公立高等学校の通学区域の設置を規定していた地方教育行政の50条が削除（2001年）されたことにより、各地で高校学区の広域化がすすめられ、これによって入試競争はいっそう激化したことをとらえておく必要がある。広域化した入試の判定資料として用いられるようにするために、本来は学校ごとで設定するはずの学習評価基準・評価規準が入試学区の単位で共通化（画一化ともいう）されるようになる。このことが、学校づくりの要ともいうべき各学校の教育課程編成ならびに教育目標や教育評価基準・規準づくりを急速に形骸化・空洞化させることになったとみられる。

学習指導要領総則は、「各学校においては、……児童の人間として調和のとれた育成を目指し、児童の心身の発達の段階や特性及び学校や地域の実態を十分考慮して、適切な教育課程を編成する」こと、そして、「各学校の教育目標を明確にする」こととされている。あらためて、教師の専門性の尊重と学校の教育課程編成権ということの意味を掘り下げなければならない段階にあると言わなければならない。

とりわけ、その戦略的なポイントを示すとすれば、「教育内容の精選を通じた学ぶゆとりの確保」ということになろう[16]。子どもの実態分析と教科横断的検討を通じた教育課程編成は、ひとりの校長ではとうていなしうるものではなく、学校全体（全教職員の参加＋保護者・子どもの参加）の研究と協議を必要とするものであることは確かであり、その機能の中核になるのは職員会議であるのも自明のことである。

2 子どもの意見表明は学校を変えるか

子どもの権利条約12条ならびにこども基本法11条は、子どもの意見表明の機会を確保することを要請している。子どもの意見表明の機会を確保することは、現在の学校を支配している競争的な教育環境や劣悪な教職員の労働条件や学校の教育条件整備の改善を当然ながら促すことにつながるであろう。

戦後日本の教育実践・教育運動がつくりあげてきた学校づくりの到達点の延長線上には、三者協議会・四者協議会、フォーラムとよばれる実践がある。子どもの権利を活かした学校づくり[17]、学校の施設・設備に関する中学校生徒会の予算要求運動なども大いに参考になる。前者は、子どもとともに学級憲章・学校憲章づくりをすすめ、学校内での子どもの主体的な地位の確保を学校運営の原則に位置づけ、後者は、子どもの意見表明を通じて学校環境や教育条件整備をすすめつつ、無償教育の範囲を拡大させるものである。「わかるまで教えてほしい」「ゆっくり教えてほしい」「叱らないでほしい」など、子どもの意見表明は教育内容や指導方法まで包含することになろう。

　国連子どもの権利委員会は、近年も、「ビジネスが子どもの権利に及ぼす影響に関する国の義務についての一般的意見第16号」（2013年）や「デジタル環境との関連における子どもの権利に関する一般的意見第25号」（2021年）、「気候変動に焦点をあてた子どもの権利と環境に関する一般的意見26」（2023年）など直面する新しい課題について法的指針を提供している。民間教育産業の公教育への参入がもたらす競争的教育環境をいかにして制御するのか、経済産業省が強引に推し進めるデジタルDX政策のなかで子どもの自己情報コントロール権をいかにして確保するのか[19]、気候危機・気候変動に取り組む政治の責任をいかにして発揮させるのか、ここには、大人と政治の責任と義務が明示されているとともに、学校と教職員を含むすべての子どもに関わる大人が、子どもたちの意見表明をうながすための教育（情報提供）と対話（意見形成）をすすめることを要請している。

1）　子どもの権利条約批准に伴う子どもの権利の国内法整備の課題と問題点については、広沢明『憲法と子どもの権利条約』（エイデル研究所、1993）99-114頁。
2）　1990年代以降の有期雇用立法の展開ならびに研究者・教員の雇用環境の変容については和田肇『労働政策立法学の構想』（旬報社、2024、196-240頁）が詳しい。
3）　国際動向の比較を通じたそのもっとも本格的で体系的な研究のひとつに佐貫浩・世取山洋介編『新自由主義教育改革――その理論・実態と対抗軸』（大月書店、2008）がある。
4）　本多滝夫「こども家庭庁の次元」日本教育法学会年報53号（2024）。
5）　「学校づくり」は、1950年代後半に民間の教育運動から発生した実践概念である。教育委員会法の廃止と地教行法の制定、これにともなう各地での学校管理規則の制定、そして、学習指導要領の法的拘束力をめぐる見解が文部省から主張されるようになった同時期において、教育運動が教育の自由ならびに直接責任性の理念にもとづき、地域に根ざした学校教育活動の主体的な計画化（教育課程の自主編成）を指向する「学校づくり」の概念が発生し定着するようになった。石井拓児『学校づくりの概念・思想・戦略――教育における直接責任原理の探求』（春風社、2021）を参照されたい。
6）　指導死については大貫（大貫隆志「指導死をつくりだすもの、そだてるもの」日本教育法学会年報48（2019））ならびに小泉（小泉広子「体罰、不適切な指導をめぐる裁判の動向――2009年天童市小学校体罰事件最高裁判決を中心に」季刊教育法211号（2021））を参照のこと。日本における子ども向けの人権教育が、徹底して「思いやり」を教えることを通じて集団のルールを

尊重することや義務（duties and obligations）が徹底して強調される問題点が指摘されている。Covell（Covell, K., Awareness, Learning and Education in Human Rights, in The SAGE Handbook of Human Rights, ed. (2014) pp.826), Howe and Covell (Howe, R.B. and Covell, K., Human Rights Education; Education about Children's Rights, in *The Oxford Handbook of Chirdren's Rights Law*, ed., Todres, J and King, M.S.（2020）pp.711) を参照のこと。その背景と要因の分析については、Takeda (Takeda, S., Human rights education in Japan：an historical account, characteristics and suggestions for a better-balanced approach, Cambridge Journal of Education, 42 (1), (2012)) が参考になる。

7) 子どもの権利条約市民・NGO の会編『国連子どもの権利条約と日本の子ども期——第4・5回最終所見を読み解く』58-61頁（本の泉社、2020）。

8) 学級定員基準・教職員定数をめぐる戦後史的展開ならびに 2000 年代以降の義務教育標準法の最低基準的性格の変質過程については以下のものが詳しい。山﨑洋介「学級定員規準とその仕組み」世取山洋介・福祉国家構想研究会編『公教育の無償性を実現する——教育財政法の再構築』（大月書店、2012）。

9) 一例として、川口市いじめ問題調査委員会報告書（公表版、2023 年 3 月 24 日）。本報告書は、学校の初期段階での調査の不備（79 頁）と教職員集団の集団的・組織的対応の問題（82 頁）を指摘している。

10) 栁澤靖明・福嶋尚子『隠れ教育費』（太郎次郎社エディタス、2019）51頁。

11) 無償教育に関して国際条約の示す到達点・到達水準については田中（2014）を参照のこと。田中秀佳「国際人権法における教育の漸進的無償化」日本教育法学会年報 43 号（2014）。

12) Tobin, J., ed., *The UN Convention on the Rights of the Child A Commentary*, Oxford, (2019) pp. 1092.

13) ガンター、ヘレン『教育のリーダーシップとハンナ・アーレント』末松裕基ほか訳（春風社、2021）。

14) 1966 年以来半世紀ぶりに実施された 2006 年の教員勤務実態調査において、すでに教員の大半において過労死ラインを越える勤務時間にあることが明らかとなった。ここから「働き方改革」が取り組まれてきたが、2016 年の調査では、さらに勤務時間が延びていることが判明した。新自由主義教育改革のもとですすめられた競争的な教育環境の醸成と教育予算の貧困化こそが教員の多忙化の根本的要因とみるべきであろう。石井拓児「なぜ『教員の働き方改革』は失敗するのか」教育 2019 年 8 月号（2019）。

15) 宿題をめぐる今日的な状況とその在り方をめぐる問題提起については、丸山（2023）が参考になる。丸山啓史『宿題からの解放』（かもがわ出版、2023）。

16) 和光小学校の教育課程づくり（鎌倉博「心豊かにことばと文字をとらえる学びを——かな文字と漢字の学習で」『第 16 回和光小学校公開研究会発表要項』(1998)、鎌倉博「和光小の漢字教育改訂の歩み」『1999 年度和光小学校研究紀要』(1999)）においては、学習指導要領に示された小学校漢字 1006 字（当時、現在は 1026 字）を 677 文字まで精選したことにより、子ども自身が主体的に学習に取り組む時間を確保するとともに、結果的に、実際に授業内で取り扱った漢字を 2000 字以上とすることにつながった。保護者との丁寧な合意形成をすすめるために、公開発表会などを通じて保護者とともに教育課程の成果を検証して確かめ合う実践であった。奈良教育大学附属小の教育課程づくりでは、発達段階を考慮した理科単元の年次組み替えを行ってきた。生源寺孝浩「子どものもののとらえ方の発達を考慮した奈良教育大附属小の理科——年次入れ替えは授業研究の積み上げの成果」教育 2024 年 10 月号（2024）を参照のこと。

17) 植田一夫『学校ってボクらの力で変わるね——子どもの権利が生きる学校づくり』（高文研、2021）。

18) 岡崎利夫「教育費無償化運動と学校づくり」教育科学研究会・学校部会編『学校づくりの実践と可能性——学校を人間的協同の場に』(績文堂出版、2019)。
19) 稲葉一将・稲葉多喜生・児美川孝一郎『保育・教育のDXが子育て、学校、地方自治を変える』(自治体研究社、2022)。

────〔報告2〕────

子どもの相談救済機関の現状と
子どもの権利を基盤とした相談対応

間 宮 静 香

（弁護士・名古屋市子どもの権利擁護委員・
瀬戸市子どもの権利擁護委員代表委員）

はじめに

　筆者は、2014年から2020年まで豊田市子ども条例に基づく豊田市子どもの権利擁護委員を務め、2018年に名古屋市子どもの権利擁護機関検討部会の部会員として名古屋市の子どもの相談救済機関の立ち上げに関わり、そのまま2019年から名古屋市子どもの権利擁護委員を現在まで務め、2022年からは瀬戸市子どもの権利擁護委員を務めている。この10年間の実践や経験から、子どもの相談機関の現状とそこで実践されている子どもの権利を基盤とした相談対応について述べたい。

I　子どもの相談救済機関とは

　子どもの権利条約は、4条で「締約国は、この条約に認められる権利の実現のため、すべての適当な立法措置、行政措置その他の措置を講ずる」とした。それを受けて、国連子どもの権利委員会（以下「CRC」という）は、一般的意見2号にて条約の実施を促進し監督するため国内人権機関や子どもコミッショナー、オンブズパーソンなど（以下「子どもコミッショナー等」という）の設置を推奨した。子どもコミッショナー等が必要とされるのは、子どもはその発達上の状態ゆえにとくに人権侵害を受けやすいこと、子どもの意見が考慮にいれられるのはいまだに稀であること、子どもは選挙権を有しておらず、人権に対する対応を決める政治プロセスに影響力をもたないこと、子どもは自分の権利をまもるためまたは権利侵害に対する救済を求めるために司法制度を利用することが容易でないこと、自分の権利を保護してくれるかもしれない機関に対する子どものアクセスが限られていることからである（パラ5）。
　国は、CRCから第4回・第5回政府報告書審査に基づく総括所見（パラ12）においても、子どもコミッショナー等の子どもの権利をまもる独立した機関の設置について勧告を受け続けながら未だ設置していない。一方で、1999年に川西市が子どもの人権オンブズパーソン条例に基づき人権オンブズパーソンを設置したことを皮切りに、自治体が独自に条例で子どもの権利をまもる機関を設置する世界的にみて稀な発展を遂げている。自治体によって「オンブズパーソン」「子どもの権利擁護委員」「子ども

の権利救済委員」など様々な名称を用いているが、いずれも子どもコミッショナー等の地方版と捉えてよい。世界的にみると、提言等を中心にして個別救済を行わない子どもコミッショナー等もあるが、日本では主に基礎自治体で設置されているため、子どもからの相談を直接受け、権利が具体的に侵害された場合に救済する個別救済に重きを置いている機関が多いのが特徴である。本稿ではこれら条例に基づく地方版子どもコミッショナー等を「子どもの相談救済機関」、そこで子どもの権利をまもる仕事をする有識者を「子どもの権利擁護委員」という名称を使用する。

　子どもの相談救済機関を設置するための条例は、大きくわけると豊田市子ども条例のように子どもの権利を保障する総合条例の中に規定されているものと、名古屋市子どもの権利擁護委員条例のように子どもの相談救済機関の設置のみを目的とするものがある。これまでに、川西市のほか、川崎市、福岡県志免町、札幌市、世田谷区、宝塚市、西東京市など様々な規模の自治体が順次設置し、2024年5月現在、50の自治体が条例を制定し、48の自治体で設置済みである[1]。こども基本法成立の影響か、特に2022年以降は急激に設置自治体が増加しているように思われる。もっとも、予算や人員等の問題で、すべての子どもの相談救済機関が現在稼働しているわけではないし、CRCの求めるパリ原則に合致する子どもの相談救済機関が多数派とはいえない現状にあることは、本稿では指摘してするにとどめておく。

　条例によっても異なるが、子どもの相談救済機関の主な業務には、①日々の相談業務、②子どもの権利が保障されるように実施される調整活動、③調査活動、勧告、意見表明等の提言活動、④子どもの権利に関する普及・啓発活動などがある。これらの業務は、子どもの権利擁護・子どもの最善の利益を保障することを目的とし、子どもを権利の主体として扱い、成長発達権や意見を聴かれる権利を含めた子どもの権利を保障しながら行われている。

Ⅱ　子どもの相談救済機関の体制等

　子どもの相談救済機関は、自治体の規模や条例により様々な形態があるが、筆者が関わっている、とよたこどもの権利相談室「こことよ」と名古屋市子どもの権利相談室「なごもっか」についてまとめたものが**図表1**である。

　豊田市は、豊田子ども条例に基づき2008年に子どもの権利擁護委員制度のための相談室を設置した。当初は「とよた子どもの権利相談室」という名称であったが、子どもたちに名前がなかなか浸透しなかったため、2019年に子どもたちの応募から「こことよ」という愛称を使用することになった。豊田市は、小学校中学校合わせて104校であるが、中心部のマンモス校から山間地域には複式学級の小規模校まであり、学校ごとに抱える課題が異なるという特徴がある。子どもの権利擁護委員は、現在は弁護士1名、大学教員（教育）1名、元名古屋市児童相談所長1名の3名であるが、こ

図表1 「こことよ」「なごもっか」の比較

	とよた子どもの権利相談室「こことよ」	名古屋市子どもの権利相談室「なごもっか」
条例	豊田市子ども条例	名古屋市子どもの権利擁護委員条例
小学校数	75校	267校
中学校数	29校	127校
高等学校数	15校	63校
設立年	2008年	2020年
子どもの権利擁護委員	3人（弁護士1名、教育1名、福祉1名）	5人（弁護士2名、教育1名、福祉1名、心理1名）
（調査）相談員	5人	15人
開設場所	豊田産業文化センター4階	NHK名古屋放送センタービル6階
新規件数（令和4年度）	95件（子ども58％）	460件（子ども59％）
延べ件数（令和4年度）	722件	2067件

(筆者作成)

れまでは弁護士1名、教育・福祉・心理いずれかの大学教員2名であることが多かった。相談員は5名であり、うち2名は社会福祉士等の専門職、3名が資格要件のない一般職で、いずれも会計年度任用職員である。また、事務局として市職員1名が配置されている。2022年度の新規件数は95件、延べ相談件数は722件で、子ども本人からの相談が58％となっている。

　名古屋市は、2008年になごや子ども条例を施行したが、当時は相談救済機関を設置しない選択をした。しかし、2016年の児童福祉法の改正を受け、2018年に子どもの権利擁護機関検討部会を設置、その報告等を受け、子どもの権利擁護機関の設置が決まった。2019年に名古屋市子どもの権利擁護委員条例が公布され、2020年1月に子どもの権利相談室「なごもっか」を開設した。また、子どもの権利擁護機関の設置を受けて、子どもの権利を根幹に据えるという観点からなごや子ども条例は2020年に「なごや子どもの権利条例」に改正された。名古屋市は小中合わせて390校を超える学校があり、規模が大きい故、「なごもっか」も全国で最多の5名の子どもの権利擁護委員と15名の調査相談員、市職員である事務局3名の計23名で構成されている。また、市が子どもの権利擁護委員の独立性を侵害していないかを監督する参与が1名配置されている。子どもの権利擁護委員は弁護士2名と大学教員3名で、大学教員はそれぞれ教育、福祉、心理を専門としている。調査相談員15名は会計年度任用職員で、社会福祉士、公認心理師、保育士などの資格を有する者が中心となっているが、放課後デイサービス職員、発達障害対応支援員、児童相談所職員、市職員、教員など

の様々な経歴を有しており、子どもの権利擁護委員だけではなく、調査相談員も含め、多様な専門的観点から子どもの最善の利益を検討できることは大きな強みとなっている。2022年度の新規相談件数は460件、延べ件数は2067件で、子どもと繋がった相談は59％である。

Ⅲ　子どもの権利を基盤とした相談対応

　子どもが相談する権利は、豊田市子ども条例では、安心して生きる権利（5条）の特に困っていることや不安に思っていることを相談すること（同条7号）として保障されている。なごや子どもの権利条例では、安全に安心して生きる権利（4条）の中の、権利が侵害されたときは、速やかに回復できるよう、適切な支援を受けられること（8号）として保障されている。

1　相談する権利を保障するための広報啓発

　子どもたちに相談室を利用してもらうためには広報啓発が欠かせない。名古屋市では、カード及び機関誌「なごもっか通信」を市内全ての幼稚園・保育園・子ども園、小学校、中学校、高等学校、特別支援学校に年に数回配布している。「なごもっか」以外の子どもの相談救済機関は高校生からの相談が少ない傾向にあるが、「なごもっか」は開設当初から国立私立も含むすべての高校で配布しているからか、高校生からの相談も多い。特にカード配布後は顕著に相談件数が増加する傾向にある。また、動画、X（旧Twitter）、子ども用ホームページ、地下鉄広告などでも広報することにより、保護者や学校に行っていない子どもたちへ相談室の存在が届くことを期待している。

　「なごもっか」でも「こことよ」でも、相談室の愛称を定めるとともに、「こことよ」の「キュウサイくん」（左）、「なごもっか」の「なごもん」（右）というマスコットキャラクターが子どもたちに浸透している。「なごもん」は、子どもたちからイラストと名前を募集し、投票をしてもらい決定した。

「こことよ」「なごもっか」のキャラクター

2　子どもが安心してアクセスしやすい相談室

　子どもの相談する権利を保障するため、相談室は、独立性が保障され、子どもができるだけアクセスしやすい場所に設置されることが求められる。子どもの相談救済機関は、子どもに関することであればすべて相談対象となるため、学校だけでなく、学

童保育、保育園、児童相談所、児童養護施設などと一定の距離をおいていることが安心して相談できる環境に繋がる。そのため、市役所や教育委員会などとは別の施設に設置されることが望ましい。「こことよ」は、科学館など主に市に関わる施設が入っている建物に設置されている。豊田市の中心部にあり、プラネタリウムがあったり、勉強スペースを高校生がよく利用していたりすることから、子どもにとってなじみのある場所である。「なごもっか」は、市の中心部である地下鉄栄駅からそのまま地下で繋がっているオフィスビルにある。オアシス21という高校生がよく集まる空間と繋がっているため、高校生が予約なく相談にくることもあるし、交通の便がよいため、小中学生が単独で相談に来ることもある。もっとも、豊田でも名古屋でも地域によっては、小中学生のみで相談にくることは難しい場合もあるので、図書館等の公共施設でのアウトリーチ相談も実施している。

　中学生や高校生は、学校が終わっても部活や塾、習い事などがあることが多い。中高生の相談する権利の保障のため、「こことよ」は、原則午後1時から午後6時としつつ、金曜日は午後8時までを相談時間とし、日曜日や祝日も開室している。「なごもっか」でも、遅い時間のニーズを重視し、2024年2月から月曜日は午前11時から午後7時、火曜日・木曜日・金曜日は午後9時までとし、土曜日も午前11時から午後5時まで開室している。また、子どもに経済的負担をかけないために、「こことよ」はフリーダイヤル、「なごもっか」は子ども回線をフリーダイヤルとしている。フリーダイヤルは覚えやすい語呂合わせとセットにしてカードや機関誌などに掲載しており、「電話番号を覚えていたから（嫌なことがあったときに）かけた」という子どももいる。また、現在は、固定電話がない家もあり、電話のかけ方を知らなかったり、公衆電話を利用したことのない子もいるため、学校訪問時などに、電話の模型を使って公衆電話のかけ方を教えることもしている。

　電話をかけることが難しい環境や電話が苦手な子どものために、「こことよ」でも「なごもっか」でも、無料で届く手紙用紙を作成し、子どもたちに配布している。「なごもっか」で作成している「なごもんレター」では、子どもの相談する権利及びプライバシーの権利を保障するため、手紙の返送がほしい場合は、郵送先を自宅か学校かそれ以外かの選択肢、電話がほしい場合は、なごもっかと名乗っていいかどうか、かけてよい時間帯の確認欄を設けている。

　子どもから電話がかかってきた場合、その子の安全な生活を保障するため、次に連絡をとる方法の確認は必須である。この電話に折り返してよいのか、電話に出ることのできる曜日や時間帯、保護者やほかの家族が出た場合にはどうすればよいのか等の確認を行う。子どもには相談する権利とプライバシー権があるため、保護者に対しても、子どもの同意なく相談内容及び相談の有無を伝えることはしない。

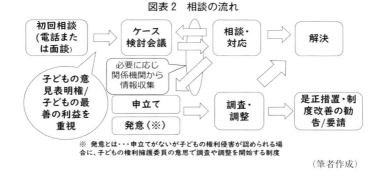

図表2 相談の流れ

(筆者作成)

3 相談における子どもの権利保障

「こことよ」「なごもっか」での相談の流れは、図表2のとおりである。初回相談は相談員が受け、その後、ケース会議で子どもの権利擁護委員及び相談員全員で特に子どもの意見を聴かれる権利の保障及び子どもの最善の利益の保障の観点から対応を検討する。上述のとおり、子どもの権利擁護委員及び相談員は、その背景の専門性が異なる。これら他職種の人たちが、それぞれの専門性や経歴を活用して子どもの最善の利益を検討するということがこの機関の不可欠で重要な要素と言ってもよい。筆者は福祉寄りの思考をもつ弁護士であり、王道の弁護士ではないと自覚しているが、教育、心理、福祉などの専門家と議論をすると、いかに自分が法律家の思考に囚われているのかと驚く。専門性が良いように作用する場合もあれば、そうでない場合もあり、多様な視点から検討することで、より子どもの最善の利益に近づく判断が組織として可能となる。

通常の相談窓口は「いじめ」「虐待」などと別れているところが多いが、相談救済機関は子どもに関わることであればすべて相談対象となる。主訴が明確でない相談も多く、間口が広いことで相談がしやすくなる。子どもたちからの電話の内容は多種多様で、嬉しかったことを共有してくれるもの、友達や家族とケンカをしたというものから、「死にたい」「殴られるから家に帰りたくない」などの深刻なものまである。無言電話もあるが、「いたずら」ではなく、子どもたちにおとなが信頼に値するか試されているのだと解釈して対応している。実際に、何回かの無言電話の後や、長時間の無言の後に話し出す子どももいる。何人かで笑いながらかけてくる場合もあるが、その中での対応の仕方が、本当に困ったことがあったときに思い出してもらえることに繋がると考えている。

まだ深刻化していない相談の場合は、子どもの話を聴き、整理を行う。その場合でも、相談したいことは子どもが決めること、すなわち子どもを主体とすることを意識

しながら相談対応をしている。おとなはついつい解決方法を考えたり、話の中で出てきた心配なことを聞きたがったりするが、解決したいのか、何の話を聴いてほしいのかは子どもが決めることである。また、「解決」といっても子どもが求めるものは様々である。おとなが勝手に思う「解決」ではなく、子どもの解決イメージを聴き、そのためにどうすれば良いか、おとなが示唆するのではなく、子どもとともに考えることを重要視する。「先生に言ってみる」などの作戦を子どもが考えた場合、その子の不安に応じて、相談するタイミングを考えたり、伝える練習をしてみたりすることもある。その上で、うまくいかない場合もあるのでそのときは再度連絡するように伝えて切電となることが多い。おとなが動けば早いと思われるかもしれないが、おとなが何でも介入してしまうことは、子どもの成長発達権を侵害する可能性があることに注意が必要である。子どもが選択をしなくてはならないときには、選択する対象のメリット、デメリット、経験上想定されることなどの説明をすることで、意見表明の前提である知る権利を保障する。リスクを説明した上で子どもが失敗が予想される選択をしても、それを否定することはしない。失敗の経験をすることも、大切な子どもの権利である。

　相談は子どもの意見を聴かれる権利の保障でもある。CRC が一般的意見12号パラ21で指摘しているように、意見は言葉だけではなく、遊び、身振り、表情および絵などを含む非言語的コミュニケーション形態を認識し尊重することが必要である。「なごもっか」でも「こことよ」でも、プレイコーナーを準備し、遊びながらの面談も実施している。手を動かした方が集中できるタイプの子どもであれば折り紙やお絵かきをしながら話をする、整理が必要な子どもであればホワイトボードを使用する、知的障害がある子であればコミック会話を利用するなど、それぞれの子どもに応じた対応をし、意見を聴かれる権利を保障している。

　保護者などのおとなから相談があった場合は、子どもの最善の利益の保障の観点から相談に応じる。保護者が不安になれば、子どもも不安になるし、保護者が安定すれば、子どもも安定しやすい。保護者の気持ちを整理・エンパワメントしたり、子どもの権利の視点を伝えたり、子どもに繋げてもらうよう伝えることもある。

　保護者とともに来所した場合は、原則的に親子分離して面談する。子どもは保護者に気を遣い、本当の思いを話せないこともあるからである。分離が困難な場合は、2回目以降に分離するなど、子どもが安心して相談できるよう模索する。分離後、子どもに対し、子どもには子どものプライバシー権があること、保護者や学校等に伝えてほしくないことは伝えないことの説明を行い、保護者と合流する前に伝えてよいことと悪いことの確認を行う。子ども独自のプライバシー権は軽視されがちであるが、プライバシー権を保障しなければ子どもの気持ちを聴くことはできない。

　虐待が疑われるような相談や「死にたい」という命に関わる相談がくることもある。

子どもの相談救済機関も、児童虐待防止法6条の通告義務を負う。しかしながら、虐待があるから通告、という単純思考に陥らず、子どもの最善の利益の観点から考えて行動しなければならない。児童相談所に通告することへの子どもの意見を聴かれる権利を保障することは当然だが、権利保障の前提として、児童相談所とはどのようなところか、通告すると一般的にどのようになる可能性があるかについて説明を行うことが必要である。通告に関する子どもの不安を聴いて、不安を取り除く方法を一緒に考えたり、場合によってはともに児童相談所に行くこともある。子どもが絶対に通告しないでほしいと言った場合にも、子どもの命に危険があるならば、生きる権利というあらゆる権利の土台をまもり、子どもの最善の利益を保障するため、理由を述べて通告することを子どもに伝えた上で通告する。

　子どもの要望で学校や施設等へ出向くこともあるが、誰が行き、誰が話すかを決めるのも子どもである。擁護委員と一緒に行って自分が言う、擁護委員と一緒に行って自分は聞くだけ、擁護委員だけが行く、いずれも子どもによって要望が異なるので、丁寧に聴き取り、できる限り実現できるように学校等と調整する。場合によっては、一度相手に説明に出向き、趣旨を伝えた上で、子どもが意見表明をする場をつくることもある。子ども本人が同行しなかった場合には、まずは子どもに対しフィードバックを行う。ほかの相談機関では、保護者に対してフィードバックして終わることもあると思われるが、子どもが拒否しない限り必ず子どもに伝え、次のステップを子どもと考えることを重視している。

　いじめに関する相談も一定数ある。「いじめはダメ」とよく言われるが、子どもの権利の視点からすれば、「いじめられない権利」が子どもにあるということである。いじめられていい存在の人はひとりもいない、みんないじめられない権利をもっている、という話をすることで、いじめについて相談ができるようになることもある。いじめの相談の場合、心配のあまり、おとなが介入しすぎることがある。おとなが子どもの想定以上に踏み込むことで、子どもは「おとなに言うとおおごとになるから相談をしたくない」と抱え込んでしまうことに繋がる。そのため、保護者からの緊急性のないいじめの相談に対しては、子どもの意見を聴かれる権利や自己決定権を尊重するよう伝えることが多い。同様に、子どもに確認をすることなく親の意向だけで子どもの相談救済機関が動かないということも当然必要となる。また、子ども同士のトラブルを紆余曲折を経ながら子どもが解決していくことも子どもの成長発達権の保障として重要である。客観的な状況を確認しながら、子どもに意見を聴いて介入の要否を検討することとなる。

4　学校等での調整活動

　学校等での調整活動においては、学校の見方や困り感も丁寧に聞くことを意識して

いる。立場が変われば事実は変わるし、制度的な問題で学校等だけの努力では対応困難な場合もある。勧告できる機関だから子どもの権利を守れ、と上から押しつけるのではなく、粘り強く働きかけることで子どもの権利を理解してもらうことが重要なときもある。強制的に子どもの権利を保障させても、一次的なその場しのぎの対応になり再度問題が生じる可能性が高い。

　教員による不適切対応の場合は、子どもにとって学校が安心できる場となるよう管理職や当該教員と調整するとともに、教員向けの子どもの権利研修を行うこともある。子どもの権利の理念を理解することは、子どもを保護の客体から権利の主体とするパラダイム転換を必要とするものであり、1回の研修でその教員が変わることは困難なことも多い。しかし、子どもの権利を意識する教員が学校の中に多くなるほど、子どもの権利をまもることが当たり前の文化に近づくことはできる。一方、いじめなど子ども同士が子どもの権利を尊重しあえていない場合は、各クラスにて子どもの権利学習を実施し、子どもの権利を知る権利を保障することもある。

　発達障害等の障害への不適切な対応が関係不調の背景にある場合もある。教員にその子にとってハードル（障壁）となるものを理解してもらうために、放課後デイサービスやスクールカウンセラー、スクールソーシャルワーカーなどとともに学校でケース会議を実施するなどソーシャルワーク的な働きをすることもある。

　学校が保護者対応を中心にしてしまい、子どもの意見を聴かれる権利を保障せず、学校と保護者とのおとな同士の衝突になっている場合もある。また、いじめとして訴えがあったものでも、背景に子どもをひとりの人として尊重しない教員の対応が発端になっている場合もある。「○年生の教室に行きなさい！」とクラス全員の前で下の学年に行くよう叱責されたという相談をこれまで複数受けているが、これを見た他の児童が「お前、○年生に行けよ」などと言うといういじめに発展したものもある。子どもの権利が保障された学校では子ども同士のトラブルが減ったというイギリスハンプシャー州での研究があるが[2]、教員が子どもの権利を保障すれば子ども同士も権利を尊重し合うし、教員が子どもを下に見れば、子ども同士もそのような関係になりやすくなるだろう。深刻化しているケースや複数相談のある学校に行くと、教員間の風通しが悪かったり関係が悪化しているなど、教員同士が尊重しあえていない場合も少なくない。また、校長の役割は非常に大きく、校長の異動によって対応が一気に変わり、「モンスターペアレント」として扱われていた保護者が落ち着き、あっという間に問題が終息するという案件も複数あった。

　学校に調整に行くと直面するのは、「教員がいない」という事実である。例えば、教室に入れない子への支援や、不適切指導を行った教員のクラスで、子どもの安心・安全に過ごす権利を保障するため他の教員に見守ってほしいと伝えても、既に教務主任らも授業に入っており、物理的に対応ができないと言われることが多い。また、

「なごもっか」では、中学生から「先生が休職してしまい、その科目の授業が受けられない」「先生が忙しそうで心配」「休んでいる先生がオンライン上で採点をしていて、休めていないのではないか」という相談もあった。それを機に教員の多忙化について名古屋市教育委員会などに情報収集をした結果、名古屋市独自の問題ではなく法の問題が大きいと考え、子どもの権利を保障する教員配置を求める意見書を中教審会長宛に提出した[3]。このように、国の仕組みの問題が根底にあり、自治体に勧告するのでは状況が改善しないことも多く、国のコミッショナー設置が望まれる。

おわりに

以上のように、子どもの相談救済機関は子どもを権利の主体として、子どもの権利をあらゆる場面で保障する取組みを行っている。子どもに権利があると伝えても、権利が侵害された場合に救済されなければ、権利は絵に描いた餅となる。こども基本法が施行された今、子どもが権利の主体として扱われ、子どもの権利が保障される社会土台づくりとして、国の子どもコミッショナー等と自治体の子どもの相談救済機関設置が強く望まれる。

1) https://npocrc.org/comitia/wp-content/uploads/2024/05/sodankyusai2405.pdf, last visited, 1 Sep 2024
2) Katherine Covell & R. Brian Howe, *Rights, Respect and Responsibility: Final Report on the County of Hampshire Rights Education Initiative*, Cape Breton, Children's Rights Centre/Cape Breton University, 2008.
3) https://www.city.nagoya.jp/kodomoseishonen/page/0000154568.html#004, last visited, 1 Sep 2024

―〔報告3〕―

不登校・登校拒否問題
―― 学校で地域で何が出来るのか、何が出来ないのか ――

熊 谷 直 樹
（登校拒否・不登校問題全国連絡会）

I 学校づくりと登校拒否との出会い（M高校時代）

1 新潟市立M高校の発足と二分脊椎障害の生徒に対する不合格判定と1年後の2年次への編入学

1981年4月、新潟市に以前から存在していた新潟市立の夜間定時制、全日制普通科のH高校、夜間定時制工業高校の3校が合併して1学年4クラスの普通科夜間定時制新潟市立M高校が発足した。この時1学年4クラス中1クラスが「昼間教室」として定数上の配慮もなく教職員のいわば善意に依拠して設置された。「昼間教室」は当初から不登校傾向の生徒や通常の全日制の時間では就学困難な生徒などの希望であるとともに様々な困難をも生み出した。

二分脊椎の身体障害をかかえるIさんが受験したが入学後の就学条件に不備があることを主要な理由に不合格となったケースは私が赴任したまさにその前月末のことであった。不合格となった直後から地元新聞が大キャンペーンを張っていたこともありセンセーショナルな出来事であった。発足1年目のM高校教職員は1年後に2年次への編入学を受け入れるために、新潟市内の県立養護学校（現在の県立特別支援学校）に全教員が研修に出かけ授業参観や施設設備面での研修、受け入れに際しての留意事項など様々な研修を行った。また、校内にあっては新潟市教育委員会が車椅子ごと階段の昇降を行える「ステアエイド」を購入・配備したため主として昼間教室で授業を担当する教員を中心にその稼働訓練を実施した。受け入れ準備を整えた結果、Iさんの2年次への編入学が実現した。実際の教室移動の際には同級生の女子の中でも体力のある生徒がIさんを抱えて昇降してくれたため稼働することは多くはなかった。Iさんは2年間をM高校で過ごした後、金融機関に就職が決まり無事卒業していった。

2 3年目（1983年）、重度肢体不自由青年の入学と「M高校教育差別」問題

Iさんが2年次に編入し同級生と元気に高校生活を送った1年後（M高校3年目）、30代の後半まで新潟市によって「就学免除」の扱いを受けてきたHさんが母親の介助付きを条件に入学してきた。HさんはIさんとは異なりかなり重量のある電動車椅子を使用していた。そのためHさんのクラスは毎年1階のあまり陽の射さない教室に配置されることになった。エレベーターがない校舎ではやむを得ない選択だったが、

このことをきっかけに同級生の一部が不満を持つようになり H さんへの攻撃的な言動となった。こうした事態を受けて当時の校長が全校集会で行った注意の一部に不適切な言葉が含まれており、その言葉を聞いたある生徒が外部に情報を伝えたことや社会科教師の授業中での不十分な授業展開などが契機となって「差別」を糾弾する団体が介入してくることとなった。この「差別問題」を契機に学校改革に取り組んで行った。

3　登校拒否生徒との出会い

M 高校に赴任した当初から、地域や労働組合など様々な方面から登校拒否の子の親や教師からたくさんの相談が入るようになった。その結果おおぜいの登校拒否経験者が M 高校に入学してくるようになった。

RY さんは小学校 5 年生から中学 3 年まで登校拒否しており、母親は親の会で私とつながり、父親は私の胃潰瘍の主治医として繋がりながら RY さんの相談を受けていた。両親ともに私と信頼関係が築けていたこともあり、RY さんは中 3 の秋ごろから私が勤務する M 高校受験を目指すことになった。受験の際に面接した教員に志望動機を問われ「クマちゃんがいるから」と答えたと職員室に戻った教員が教えてくれた。RY さんは 5 年間の登校拒否を乗り越えて M 高校夜間定時制課程を 4 年間無遅刻無欠席で卒業し、その後も 1 年間の浪人生活を経て大学・大学院へと進み現在は研究者の道を歩んでいる。

また、ある中学校の教師の紹介で出会ったのが中学 2 年生の TS さんであった。この両親を軸に中学校内に親の会を立ち上げ例会に私も参加した。1990 年 4 月、この TS さんが M 高校の昼間教室に入学し私が担任になった。40 人定員いっぱいのクラスに中学校時代の 3 年間をほぼ全欠席で過ごしてきた生徒が 22 名で 4 月当初は全員が緊張感に包まれていた。TS さんは 4 月当初レポート用紙一面に細かな文字で自身の登校拒否の理由がクラスでのいじめであったこと、「もしも高校で自分が再び登校拒否することになった場合にはやはりいじめが原因になると思うので、(熊谷)先生はこのことをしっかりと覚えていて欲しい」と訴えていた。私はこの手紙を読んだ直後に TS さんに手紙の趣旨を深く理解したことを伝えた。この TS さんは自分の個性を失うことなく豊かな高校生活を送って卒業した後、東京の私大に入学した。TS さんが「受験勉強の苦労もせずに大学に入学した」ことは、中高一貫進学校の中学 3 年生だった妹に少なくない影響を与えた。彼女は進路選択の基準に「制服がないこと」を挙げ志望校を検討したが、この条件を満たす高校は進学率が最上位の N 高校と兄が卒業した M 高校の 2 つしか存在しなかった。彼女は迷うことなく M 高校に入学し、生徒会活動を含め個性豊かな高校生活を謳歌して卒業した。

4　M 高校で何が出来たのか

1990 年度教育研究集会に「信頼で結ばれる学校づくり」と題して 10 年間の学校改

革についてレポート発表し、その後『教育333号』にこの実践が収録された。
　レポートの内容は、冒頭に触れた「教育差別問題」に端を発した主として1984年以降に取り組まれた校務分掌の民主化を軸とする校務分掌規定改正（M高校は教員の公選制による校務分掌委員会があり、規定の改正の際は私が委員長に選出された）、評価規定の改正をともなう学則づくり（新校務分掌の下で私が教務主任を担当し、授業評価を100点法から10段階評価に転換、履修と修得の区別、昼間教室と夜間教室の併置を利点とした昼夜併修の導入など）、授業についての職員学習会、校則の見直し（外履き内履きの別廃止による土足の自由化や標準服と呼んでいた制服の廃止・自由化など）さらには移転にともなう新校舎建設にともなう素案づくり、「M高校登校拒否を考える会」の活動などについて報告した。レポートの中でさきのTSさんは制服自由化について生徒会がみんなで取り組んだ結果自由化を実現できたことを高校生活の一番の思い出と語っている。

II　K高校で何が出来たか

1　次男の不登校とK高校への転勤

　1995年4月、次男Tが10日ほど通った高校に突然行けなくなった。GWを過ぎた5月中旬、本人と話した結果「休学届」を出すことになった。約1年後アルバイトをしていた会社の社長が「お父さんの高校を受け直せばいいじゃないか」と背中を押してくれたことをきっかけにM高校を受験することになった。その結果、私は急遽転勤することになったが、その転勤先は新潟市内でも有名な「教育困難校」のK高校であった。
　K高校に赴任して3カ月、副担任をしていたクラスの担任が病気で担任業務を継続できなくなり、急遽担任交代となった。交代時クラスの生徒は32名だったが、このうち8名が家庭謹慎（停学）中だったため、私のK高校での担任の仕事は8名の家庭訪問から始まった。

2　Tさんがクラスの生徒に

　K高校でも偶然ではあるが中学時登校拒否で時々相談に関わっていたTさんが私の着任と同時に1年生に入学していた。2年に進級しクラス替えが行われた結果、引き続いて持ち上がった私のクラスにTさんが入ってきた。3年生の時には新潟大学のY教官からベルギーからの留学生が日本の高校生と交流したいとの要請があり、TSさんと引き合わせてみようと考えK高校で私とY教官およびベルギーの留学生とTさんが懇談する機会も得た。TSさんは母親も鬱傾向にあり祖母との折り合いも芳しくないなど生きていく上で様々な困難を抱えていたが大学進学に希望を持っており和光大学への進学を勧め見事に合格できた。私は当時懇意にしていた和光大学のU教授にTさんが抱えている心の悩みも含め入学後のケアをお願いした。U教授はカウ

ンセラーを含む6人のチームを組んでTさんの様子を見てくれた。

大学2年生の終了時、父親が精神疾患で失職するなど家庭の経済状況が激変し退学を余儀なくされた。その後Tさんはアパートで一人住まいしながら唯一の希望でもある詩作（難解な詩作が多いが、あるコンテストでは谷川俊太郎氏から高い評論を得たこともある）と読書の生活を続けている。

大学在学中、生きることに疲れたTさんはオーバードーズで生死の境をさまよったこともあるが友人の機転で意識を回復したと話していた。この時、Tさんは「自分が悩んでいる時、熊谷先生は沈黙を共有してくれた。そのことが嬉しかった」と言っており、私はTさんから対人関係での距離感を教えられた。

3　このままでは学校が統廃合の対象に

K高校は新潟市郊外にある通学には大変不便な土地に立地していた。唯一の通学手段であった地域の電鉄会社が路線を廃止した結果、公的交通手段がなくなり私が赴任した当初1学年6学級あった定員が3年目には5学級に減少し、その上募集定員200人の枠に入学者は120人と4月初めから24人学級となってしまった。このままでは高校自体がなくなるという危機感が現実味を帯びてきた。この危機に際して県教育委員会からの定時制課程の単位制高校への改組の案が浮上した。私は教職員組合の役員もしており、理念として単位制高校には批判的であったが現実的に選択肢は教育委員会の方向でK高校を存続させる以外に道はないと考えた。教育委員会が中心となって設置された公式の「改組検討委員会」にK高校から教頭と教務主任の私が委員となり、さらに新潟市内の夜間定時制F高校から2名、N高校通信制課程から2名に指導主事2名を加えた委員会が発足した。委員会では校名づくりに始まり、学則案づくり、校則作り、教育課程づくりなど単位制高校でどのような教育を実践するのか時間をかけて検討した。改組の方向で検討に入る際には職場内でも反対意見も少なからずあったが職員会議で出された疑問点には丁寧に答えながら議論を尽くして改組の結論に至った。結果的に新潟市内の東部地域にM高校、西部地域にS高校が不登校の生徒を受け入れる単位制高校として存在することとなった。

4　改組後のS高校で何が出来たか

改組1年目、地域の親の会（登校拒否不登校問題を考える新潟県親と教師の会：略称：アーベルの会、代表　熊谷直樹）で関わっていた登校拒否経験者が多数入学してきたが、数名の親たちの願いを受けて校内に親の会を開くことになり、校長や養護教諭、他の教員も一緒に関わってくれることになった。例会には10人程度の時や20名近くなるときもあるなど参加者数に増減はあったが、私が在職した間（K高校に7年間、S高校に3年間）毎月の親の会例会の様子を知らせる『くろさきちゃまめ通信』を発行し続けたが、PTA予算で郵送費を予算化してくれたため、年度当初に保護者向けに行った郵送許諾のアンケートにより約80部を家庭に届けることが出来た。

この会活動を支えてくれた要因の一つに、当初の校長が自ら教育相談研究会（『燎原の火』という）の主催者であったことがある。良き理解者に出会い夜間（7時から9時）にもかかわらず保護者との交流を持続できたことは大きな財産となった。

Ⅲ　最後の職場は良寛終焉の地──全日制B高校

1　やんちゃな生徒と養護教諭Sとの出会い

S高校で3年を過ごした後、B高校に転勤となった。S高校では単位制高校であったため全日制を中退した生徒もおおぜい編（転）入学してきており、B高校への転勤が決まった直後にはB高校の友人たちに私の情報が伝わっていた。始業式には当時一部の生徒に流行していたガングロ・ルーズソックスの「おねえさん」や元気のいい「お兄さん」たちが、生徒玄関にいた私の下にやってきて首実検でもするかのように「先生がクマちゃんか？」と問うてきた。赴任当初からB高校の元気な生徒と出会えたことでとても居心地のいいスタートとなった。さらにM高校時代に新任だった養護教諭が時を経て新潟県養護教員部会の会長になっており、彼女からB高校の養護教諭Sさんに私のことが伝えられていた。やんちゃ系の生徒たちとS養護教諭が「味方」になって最後の職場は私の教員生活上大変穏やかでこのまま退職までの数年を過ごすのかと思うと物足りなさを感じてしまうほどであった。

2　IMが教室に入れなくなってしまった

赴任した年、私は2学年の副担任になり秋には修学旅行で沖縄に行くことになった。現地ではクラスの生徒が数名一緒に牧志市場でランチをとるなど仲良く過ごしていた。しかしながら旅行から戻った直後からIMがランチを一緒に過ごしたみんなを「怖い」と感じるようになり、12月中旬から教室に入れなくなってしまった。当初は保健室で過ごしていたが、このことをS養護教諭から相談を受けた私は、とりあえず人間関係が出来ていない段階で直接IMと面談することを避けたかったため、Sさんに私の連絡先を伝え、話したくなったら連絡するように伝えてとお願いした。3学期始業式の前日、IMから連絡があり始めて相談に応じた。教室には入れずに憔悴しているIMを支えるために、Sさんを交えて校長と話し合い、校舎の中で生徒玄関から誰とも会わずに入室可能な視聴覚準備室をIMの居場所にさせてもらい、私が空き時間に常駐することにした。IMは誰も近づかない部屋（クマ部屋と呼ぶことにした）で日々、心と体と相談しながら私と3学期を送ることになった。この間メールでのお悩み相談もたくさん受けながらIMの心を解きほぐすことに力を尽くした。しかし毎日学校に来ながら教室には入っていないため授業に参加していないことを両親に知らせていなかった。1月中旬、クマ部屋で10日ほど過ごした頃、IMと話して家庭訪問を行い母親と話す機会を得た。母親と会って話し始めると驚いたことに母親は私のことを知っていた。以前に柏崎市で親の会に呼ばれ講演した際に、講演案内が新聞に掲

載され、その案内に導かれて柏崎まで私の講演会に参加していたとのことだった。IMの兄が登校拒否していたために藁をも掴む思いだったとのことで、私の講演を聴いて心が救われたと話してくれた。そんな経緯もありIMへの私の対応を全面的に支持してくれた。さらに母親の理解が父親の理解も促しIMは安心してクマ部屋で生活することが出来た。

　3　クマ部屋の住人が続々と

　IMがクマ部屋で穏やかに時間を送れるようになった頃、Sさんから男子生徒O君がトイレが近くて教室にいられないのでどうすればいいかと相談を受けた。彼は過敏性大腸症候群の診断を受けており、緊張するとすぐにトイレに行きたくなってしまう。当初は職員トイレの前にある保健室で過ごしていたが、大勢の生徒が出入りするので安心できる場所ではなかった。そこでO君が二人目のクマ部屋住民になった。さらに精神科に通院しているCも教室で落ち着かないときにはクマ部屋で過ごすようになった。剣道部に所属していたNは部活の顧問の勝利至上主義の強引な指導について行けずに部活を辞めたいと言い出したが、顧問が認めなかったため教室にも部活にも居場所がなくなりクマ部屋にやってきた。顧問の強引さは無理にでも部活に引きずり出すほどでNは「逃げ回っていた」。クマ部屋でも庇いきれなくなった際には、校長と相談した上で校長室に逃げ込み、中から鍵をかけるなどの非常手段も用いた。その他剣道部の主将や進路問題に悩む生徒などいつしか大勢の生徒がクマ部屋を訪れるようになった。

　4　クマ部屋を支えてくれたクラスの仲間そして教職員集団

　私は赴任2年目に空白になった3学年の担任になり1年間をIMもクラスに入れた学級の担任になった。学級担任をしつつ、クマ部屋の「家主」としてIMをはじめとする「住人」たちと過ごした。幸いIMは3学期をまるごとクマ部屋で過ごしたが授業は3学期分が欠席だったにもかかわらず、登校はし続けたために欠席日数はゼロの状態で無事に進級できた。3年生になってからも相変わらずクマ部屋生活を続けたIMだったが、クラスで6月の体育祭に向けた取り組みが始まると装飾関係の係になった。この係になったグループには前年の修学旅行でランチを一緒にした仲間と同じ生徒は一人もいなく、IMにとっては会話も初めての生徒たちだった。彼らは放課後の準備活動をクマ部屋で行いながらIMをみんなで支えてくれた。そのことがIMの心を解きほぐし、人間関係と生き方の作り直しへと向かわせてくれた。そうしてIMは体育祭を一緒に迎える中で教室に戻ってきた。2年生の3学期と3年生の1学期の大半をクマ部屋で過ごしながら欠席はほぼゼロ状態で高校生活を送ったIMは短大の保育学科に校長推薦を得て進学し、さらに専攻科を経て保育士への道へ進んだ。

　クマ部屋の生徒を支えてくれたのは人間関係の作り直しを担ってくれた同級生の他に教師集団がある。私自身は3学年の日本史の担当者に過ぎず、他教科に関しては深

い学びを保障できない。他教科の教師集団が自習課題を準備してくれたほか、空き時間にクマ部屋を訪れて英語や数学などの学習支援を行ってくれた。

　5　Mさんの告白

　「クマ先生なら解ってくれると思った」そう言ってM子さんが打ち明けてくれた。彼女（あえてMは女性であることを明らかにしておく）はこの時点では校則で認められていなかったスラックスをはいて学校生活を送っていた。特に若い体育教師などは「女のくせに」などの暴言をすれ違いざまに投げつけていたという。もともとM子がクマ部屋に入ってきたきっかけは、1年次、教室にいることがつらくて留年した2年目に担任の英語教師のすすめでやってきたのが始まりだった。当初はメルヘンチックな絵を描いて過ごしていた。「クマ先生なら解ってくれる」との問いかけに私は「M子の性自認に関すること？」と問い直してみると小さな声でそうですとの返答。彼女は17歳で彼女なりにいろいろと調べていて、性別適合手術の適合年齢が18歳であることも承知しており早く「女性」から解放されたいとの希望を話してくれた。私は彼女の話を真剣に受け止めた上で、校長と担任にも報告した。さらに年末に大東学園高校で性教協主催の性と生の教育に関する研究会があり私が私費で参加してくることを伝えた。校長は生徒のことでありPTAの研修費から交通費を支出するよう手配してくれた。研修会参加後の職員会議でM子からの聴き取り内容と大東学園での研修結果を報告し教職員の共通理解を図った。とりわけM子が強調したことで印象深かったことは、一日の大半を過ごす学校のトイレが使えないことだった。「彼女」は6時間あまりの高校での時間を一度もトイレに行くことなく我慢して過ごしてきたと言った。また、すれ違いざまでの「女のくせに」との教師の言葉がどれほどM子を傷つけてきたかも切々と訴えてくれた。職員会議での私からの報告に体育教師を含むすべての教師が深く理解してくれた。3学期になりM子は時々自宅に帰らなくなった。クマ部屋に登校した際に事情を聞くと電車で1時間ほどかかる新潟市で同じ悩みを抱えている青年たちと夜を徹して話しているという。当時の私の理解不足もあるが、LGBTQで悩む青年たちが新潟の地にも多数存在していたことを知った。

　自宅に帰らないことやスラックス以外着用しない日常の生活は自宅での祖父母との軋轢を深め家庭内でも孤立を深めていた。M子が自ら豊かな人生を送るためには、少なくとも保護者の理解が不可欠であった。3学期に入り母親にクマ部屋へ来てもらい秋以降のM子との関わりをすべて伝えるとともに、M子が18歳になった時に迎える状況を母親として支えてくれるよう伝えた。最初は理解が難しそうであったが丁寧に話し合った結果、母親もM子の現状を受け入れてくれた。その後3月末に私は定年退職することになりM子の4年目の3年生は見届けることは出来なかったことが残念である。数年後に一度M子から私の携帯電話に着信履歴があったが、私とM子の関係性が希薄化した段階であえて電話の受信はしなかった。

Ⅳ　学校の外でしてきたこと

1　登校拒否との関わり

1991年度（1992年1月）から延べ13期登校拒否・不登校の克服（当初は高校中退を含んでいた）分科会の司会者を務め、全国の研究者・実践者と交流し知見を深めることが出来た。1992年1月の出会いを契機に共同研究者Tさんを講演に招き、アーベルの会を結成した。アーベルの会を軸に地域の親の会づくりにも積極的に関わり数カ所に親の会を立ち上げることが出来た。また、親の会から派生して、新潟大学の学生の支援も受けて当事者の居場所づくりができた。大学生とは定期的に子どもたちの行動記録をもとに検討会を重ね、そのこと自体が彼らの教師の卵としての成長を促した。さらにアーベルの会に関わってきた親たちの中から親父の会も作りたいとの要望が湧き上がり、4カ月の一度程度の頻度ではあるが父親たちだけの交流会も開くことが出来た。皆が登校拒否の子の親という対等の関係で父親としての悩みを共有することで親子関係の作り替えが起こり子どもへの対応が柔軟に変化してくる。

また、1995年、阪神淡路大震災の直後には登校拒否・不登校問題全国連絡会の設立に参加し現在は同会の全国運営世話人として教育のつどい実行委員会にも実行委員として参加していることが子ども理解を深める大きな糧となっている。

2　映画「学校」上映運動と青年学生の活動支援

1994年7月発行の『ほんりゅう』は、"映画『学校』の上映をめぐって"との特集記事を掲載した。その中で私は次のように述べている。

「定時制でやってきた実践と夜間中学のあの実践がオーバーラップし、特に長いこと登校拒否に関わっているものですから、是非『学校』をみんなに伝えたいと思った。出来れば上映運動の終結点に山田洋次さんを呼んで、元気をつけたい。もう一つの思いがあって、20年後の新潟を担っていく活動家をなんとか育てたいというのがある。そこで実行委員会は若者を中心に呼びかけたら、新潟大学の学生がたくさん入ってきてくれた。チラシやチケットのレイアウトも学生がやってくれる。このことで、彼らが集団的に動いていく喜びを感じ取ってくれればいい。」と

学生たちはこの上映運動に実に積極的に参加してくれた。全県に拡がった上映運動は1万人以上が足を運び、その映画の収益の一部は学生への「奨学金」として教科研大会への参加費や登校拒否不登校問題全国のつどいin北海道に一緒に参加するなど多様な取り組みに費消し、最終的には1994年、新潟に山田さんを招いての講演会を実現することが出来た。ここで育った学生たちが今新潟県内の中堅教員として活躍している。

V　学校で何が出来て何が出来ないか
──教職員集団の大切さ、管理職を含む集団づくり──

　すべての教職員と協力共同の関係をどう作り出すか、校長を含む管理職も子どもを守る仲間として捉えるか管理的側面のみを捉えるか、先にも述べたようにB高校ではPTA予算を使ってでも私を緊急の県外出張に出してくれた。30数年の教員生活の中の大部分は管理職も生徒を守る共同の仲間であった。しかしその上で明らかな限界もあった。中でも私が現在も考えざるを得ない課題の一つが履修と修得の問題である。M高校時代のある生徒は、1年目に数学の単位不認定で進級できなかった。2年目には理科の単位不認定で再度進級見送り。ここで矛盾が生じる。前年度は理科の単位は認定済みだが数学の不認定で留年、次年度は数学の単位は認定されたが前年認定されずみの理科が担当教師が替わったことで不認定となり再度留年。M高校としての単位認定のありようが問われており、前年度に認定した教科担任の学習評価そのものを否定されることとなる。この問題をクリアするために必要なことは履修と修得の厳格な峻別しかない。こうした事例をもとにM高校では学校改革の一環としてその区別を明確化した。また、勤務時間外での親の会活動への理解と制限など管理職の姿勢如何で自由な活動が保障されるか否かが分かれる。

　最後にCOCOLOプランは「誰一人取り残さない学びの保障」を提起し、不登校特例校の設置やSSRの設置促進、NPOやフリースクールとの連携強化をうたっているが目立つ施策は不登校特例校のようである。忘れてならないのは、登校拒否は学校で起こっていることであり、30万を超える子どもたちが「拒否」していることの意味を深く探ることを求めていることである。子どもの権利委員会勧告も指摘しているとおり学校の有り様こそが問い直しの本丸であること、学校に行けなくなった子どもたちを「特例校」やフリースクールなどに囲い込むのではなく、憲法と子どもの権利条約を真ん中に据えた学校づくりに大きく舵を切ることが求められている。

〔討 論〕

子どもの権利条約からみた子ども・学校の現実
―― 不登校・いじめ・子どもの権利救済 ――

司会　小　泉　広　子（桜美林大学）
　　　村　山　　　裕（弁　護　士）

司会（村山裕）　質問を報告順にこちらで読み上げる。まず石井会員へ市川須美子会員（獨協大学）から、いじめ問題と不登校の関連を含め補足をしてほしいという質問。次に谷口聡会員（中央学院大学）からは、子どもの意見表明の範囲において、学校の教育課程編成、特に学習評価に対する子どもの意見表明と教師の専門性はどう調整されるべきかという質問。三つ目は、石本祐二会員（立正大学）権利条約の Child を日本語にどう訳すかについて。①児童、②子供、③子ども、④こども、⑤その他の訳語の中で、批准前後から①か③かが議論されてきた。教育学・教育法学見地からは③が望ましいとされているが、今後も③の表記で通すのか。もしくは「こども基本法」をうけて④が望ましいと判断するのか、あるいは⑤が考えられるのかという質問。喜多明人の「『子ども』という訳だって理想的な訳じゃない」を参考として挙げている。

石井拓児（名古屋大学）　まず、いじめ問題と不登校問題は報告では十分位置付けが出来なかったが、この二つは強く関連性があると言うべき。学校内のいじめの対応では、いじめの当事者、加害者と被害者の関係をとにかく断つことによって問題を解決する傾向が強いと思う。相談機関がどのように対応しているかにも関係するが、いじめてしまい加害者となってしまった子どもの中には、家庭環境の中で逆に深刻な権利侵害を受けている子どもたちが実はたくさんいることも考えると、いじめ問題を子どもの観点から考えていくとき、いじめの被害を受けている子ども、加害してしまった子どもたちの実際のケア、こうしたことも考えなければいけないと思う。

次に、子どもの意見表明権の範囲について、報告レジュメ6頁に校則改正通知が文科省から出て各地で校則改正が進んでいくと強調したが、実際に子どもの意見表明を大事にする学校づくりの実践では、校則だけでなく授業内容で「わかるまで教えてほしい」や「ゆっくり教えてほしい」、「叱らないで教えてほしい」なども出てくる。「頑張ったね」と言うことも先生の学習評価の一つだが、「全然出来ていないじゃないか」と叱るのも学習評価の一つとなっており、評価の仕方自体も子どもの気持ちに基づいて考え直す必要があると思う。加えて実践の中でおもしろかったのは、「階段で頭をぶつけて危ない」や「トイレの消音装置をつけてほしい」など。施設設備、条件整備についても子どもたちの意見表明が出来てもいいのではと思う。

三つ目の子どもの表記については間宮さんに回答をお願いする。
　間宮静香（弁護士）「児童」という言葉は私も使わない。やはり子どもが見てどう思うかが大事であり、今、日本社会では、児童と言うと小学生のイメージが持たれており、高校生の子どもたちは「児童の権利に関する条約」と言っても自分たちの条約とは思わない。要するに児童福祉法の「児童」と同じだからというのは大人の思考であって、子ども主体の思考ではない。条約の定義だと「児童」は18歳未満だが、こども基本法の「こども」の定義とは離れている問題があるため、私としては今後もひらがなの「こども」ではなく「子ども」を使おうと思っているが、これも子どもたちと考えていけばいい。子どもたちのたくさんの声でこういう名称がいいというものがあれば、変えていくのも一つ方法ではと思う。
　司会　引き続き間宮さんへ前田麦穂会員（国学院大学）から、自治体により権利救済機関の稼働の違いの要因についての質問。自治体による機関の設置はどのような背景から進められ、せっかく作った機関が有名無実化してしまう理由として、設置の方法に何か原因があるのか聞きたい。次に、江熊隆徳会員（東京高法研）からは2つ質問が来ている。まず相談する権利は、意見表明の一形態という理解でよいかという点と、「校長の役割は非常に大きい」という意見が意味している内容にはほぼ同意してもよいと思うが、この考えは諸刃の剣ともなりうるのではという質問。続いて、村山佳代会員（帝京平成大学）から、実際に子どもたちからどのような合理的配慮の相談があるか、「配慮してほしい」などの相談か、あるいは具体的な合理的配慮の内容を教えてという質問。そして、藤井美保会員（佛教大学大学院）から、「なごもっか」にふらっと話しに来る利用をする子どもたちがいるか。定期的に来る子たちにとって「なごもっか」はどのような存在になっているか聞いたことはあるか。名古屋市内でどれくらい身近なものとなっているのかという質問。
　間宮　まず、自治体による権利救済機関の稼働の違いにはいろいろな要因がある。救済機関だけでなく子ども条例もできただけで放置している自治体もあり、それを職員がどう利用するかが重要になる。例えば、名古屋市で2008年に最初の子ども条例ができた当時、私が保育園の民間委託の審査基準に子ども条例を入れようと提案した。このように実際に自治体に落とし込むことを誰かがやっていかなきゃいけない。また、救済機関を個別で持つのに予算がかかることも要因となっており、瀬戸市のようにそこでだいぶ苦戦している自治体もあれば、首長部局のいじめ救済モデル事業をうまく利用して救済機関を立ち上げた新潟市の例もある。予算確保をどうしていくのかが、ひとつの問題になってくる。自治体による機関の設置の背景は、これも本当に自治体による。市民の働きかけのところもあれば、市長が公約に掲げて当選するところもある。名古屋市は2008年には作らなかったが、やはり必要だという市職員たちの思いなどもあって実現したと思っている。有名無実化となってしまう理由として設置の方

法に何か問題があるというよりは、強力に動かしていく誰かがいないといけないというのは感じるし、逆に条例設置のところにきちっと動かせる人が入ってアドバイスをしないと止まってしまうこともある。

　次に、相談する権利は意見表明の一形態かについては、それでもいいと思うし、いろいろな分類ができると思う。例えば名古屋市の条例でいくと、「安全に安心して過ごす権利」が規定されておりその中のひとつとして理解してもいいし、豊田市の条例ではまさに「相談する権利」が明確に規定されている。幸福追求権も含めいろいろなものと考えられる。「校長の役割は非常に大きい」という考えは諸刃の剣ではという質問は、まさにそうだ。校長がかわれば変わる、というのは非常に良くないと思う。どんな校長が来るかは子どもには関係ない大人の事情でしかない。子どもの権利を保障する学校にしていくには何が必要かという話は「なごもっか」ではよくしている。

　そして、合理的配慮の相談については、もちろん最初に保護者からの相談というのもあるし、「何か学校とうまくいっていない」、「先生におさえつけられた」みたいな話から、ADHDとASDの傾向のお子さんがじっとしていなかったり癇癪を起した時に、先生がクールダウンさせるのではなく上から押さえつけるようなことが行われているということがわかったことも。このように合理的配慮がされていないからこそ、学ぶ権利が保障されていないとか、ここじゃ安心できない、ということがわかって、そこの調整に入るという方が多いと感じる。

　最後に、「なごもっか」には小学生も一人で頑張って電車に乗って来たり、中学生、高校生もふらっと来る子もいる。何かあったら「なごもっか」に来て相談して自分の整理をして帰って行くパターンもあれば、家にいたくないからやってきて話したら帰るとか、いろいろなパターンがある。「なごもっか」がどういう存在かは聞く必要がないから聞いていないが、終わったあとに手紙をくれる子もいる。逆にフェードアウトしていくことも当然あるが、そこは利用しないという子どもの意見を尊重し、必要がないものに関しては追いかけて行かない。名古屋市内ではカードもたくさん配っており「なごもん」が結構人気なので、その存在は知っているがその役割は知らなかったと言われることもある。存在自体は広がっていると思う。

　司会　熊谷さんへ横山岳紀会員（名古屋大学大学院）から、教科指導で困難や子どもの困りごとに直面したことがあるかという質問。そして中川律会員（埼玉大学）から、高校定員数内不合格の問題をどのように考えたらよいかという質問。自閉症スペクトラムの知人は、中学までは健常の子どもたちと学べたので高校もそうしたいと希望していたが、学力が不足しているという理由で高校が不合格となった。しかし、高校教育とはそれだけで拒否されてしまうのか、報告からそうでないはないという印象を受けたとのこと。続いて山本由美会員（和光大学）から、「学校で起こっていることは学校で解決を」という提起について、具体的な考えを聞きたい。例えば、全中学

校に居場所としての適応指導教室を開設し、コーディネーターを専従としておいている自治体もあるが、結局は学校全体の方針の問題、石井会員のいう学校づくりの問題となるのかという質問。

熊谷直樹（登校拒否・不登校問題全国連絡会）　定時制は学力の差がすごくある。例えば学力トップの子が経済的理由で通えなくなってやってくることもあれば、1年生から取り組んでいたプログラミングが3年生の夏休みに破綻してしまい学校に通えなくなって来たとか、高校3年の正月にこの学校で卒業したくないといって進学校から入ってきた子もいる。そうかと言えば、本当に学力が定着していない子も来る。なので、僕は一律授業をしたことはない。すべてプリントを用意しそれぞれの進度に合わせて学習してもらい、私は教室を歩きながら一人一人の学習を見る方法で授業をやってきた。実はクマ部屋は、全私研で埼玉の東野高校の実践で子どもたちがたくさん相談に来る話を聞き、場所もあるし自分もやってみようと始まった。教室に行けなくなった子どものために校長と相談してクマ部屋をつくった。管理職が自分より年下だったり、県教職員組合の委員長をしたこともありと、個人的な条件もあったのか皆任せてくれ、職場の中で困難を抱えることはあまりなかった。そしてクマ部屋には子どもの困りごとはたくさん来た。だからいろんなことをやってきた。

次に、高校定員数内不合格の問題をどのように考えたらよいかだが、自閉症スペクトラムの子は、例えば中学の二次関数までは解けるような学力を持っている子もいる。ただ論理的な思考が難しいので高校の高学年になっていくと学習が難しくなっていくことはある。理念としては、入学時の定員内不合格を公立は基本的にはやるべきではない。ただ、僕は定員内での合格に一度だけ反対したことがある。それは、知的障害の方を、まったく自分で意思表示できない親と、その子を取り巻く支援団体が入学させろとマスコミも動員して受験して来た件である。その時は、学力保障とか、高校生活の保障などを考えないで定員以内だから入学させようするのは、僕たちは傲慢すぎないかと職員会議を開き、この子は入学できなかった。しかし、基本的には定員内であれば入学できるべきで、入った後の単位取得は学校側の努力もあるが本人の努力としての結果でもあるわけだから、玄関で閉ざすことは普通はしちゃいけないと職場では話してきた。

続いて「学校で起こっていることは学校で解決を」について、例えば神奈川の中学校の教室にいけない人たちが毎日行く「みんなの教室」は、どうもリソースルームな感じがする。そこには臨時の職員も含め正規の教員も入って、ほぼ学校の授業時間割で勉強させている。先ほどの話ではないが、オンブズパーソンの方たちは勉強させているわけではなくもっと子どもたちの要求に寄り添っている。クマ部屋では本人が希望しなかったらさせなかった。理解してくれる人と空間を共有するだけでもエネルギーはたまっていくものだ。報告で紹介したMさんは2年生3学期から3年生6月ま

で教室に行けなかったが、学校に毎日来ていたので大学受験調査票では欠席ゼロとなった。学校に来たら出席だと職員会議で納得してもらい、11月終わりに両親にも実際クマ部屋に来てもらい説明した。昔は欠席とされたが、今の大学調査票では、出席日数と欠席日数しか書く場所がないため教室にいようが授業に出てようが関係ない。このように表面上は皆勤賞という調査書ができて、結果的には大学に推薦でいくという子もいる。普通は考えつかないことかもしれないが、そういうトリックを学校が話せるということだと思う。僕は「みんなの教室」という言葉も嫌だが、1992年に不登校施策として適応指導教室が出てきた時、山口新聞はまっさきに「適応すべきは子どもか学校か」と批判した。適応という言葉は指導という意味で、やはり上から目線で言っている。子どもが自分を取り戻すスペースとしての場所を、学校の中に用意できてそれが条件的に整備されていれば、救われる子どもがいるかもしれない。何よりも登校拒否は学校で起こっているのだから、登校拒否をおこしている学校の正体をもっと知っていかないといけない。その根っこのところから直す努力をしていきたい。一つの学校で全部やるのは大変かもしれないが、問題意識をもった教師たちが横断的に学習し合うことで、少しは前に進めるのではないかと思う。

　司会　今話にあった居場所の関係の追加質問が藤井会員（佛教大学大学院）から石井会員へ来ている。こども大綱にも確かに記載はあるけれども、子どもの居場所づくりが施設や子ども食堂等に限定しているように思われる。子どもの権利を考える上で、学校に必要なものと思うが、どのように居場所について学校の中で考えられるか。先ほどの石井報告の競争的な教育環境と対立する部分も出てくるだろうし、学校では条件・財政面などからもろもろする余裕がないということかという質問。石井会員、熊谷さんの話とも関連して、このあたりどう考えたらいいか。

　石井　子どもの貧困対策から始まって居場所づくりの話が出てきたと理解している。そういう意味から学校の外、子ども食堂等で子どもの居場所づくりが始まり、それが児童館や学習支援対策などに広がってきている状況と思っている。その状況は一方で、先ほどの熊谷さんの話があったように学校の外で居場所を作るけれども、学校の中、学校そのものの本体を変えようとするのは距離があると思う。本来であれば学校で安心して過ごせる、あるいは教室の中に居場所があったらいいが、学校内フリースクールが広がる中、退職校長がそこで"校長先生らしい指導"をされたり、つい勉強に誘導する状況もある。ただそこにスクールソーシャルワーカー等が入ることで指導的なことだけでなく生活背景とか社会保険などが課題になり、ケース検討的な課題になってきているというのは評価できると思う。

　司会（小泉広子）　本来であれば登壇者の回答に対して会場からもう一度意見をもらうのが順番だが、予定の時間がきてしまったためここでまとめる。今回のシンポジウムでは、企画担当が考えていた以上の新しい論点が見つかった。いじめ問題と不登

校問題を重ねてこの30年の取り組みをどう位置づけるかの問題や、教師の教育の専門性の中核にある学習評価や単位認定と、子どもの権利、特に子どもの主体的な学習や意見表明の問題とをどう調整したらいいのかという問題など。予定では不登校支援のあり方について議論すべきだったが、最後に学校の中での適応指導教室の問題から、今日的な課題として学校の中と外の居場所というものの位置づけを検討する必要もあると思った。最後に一言ずつ全体を通じてのコメントを。

石井 子どもの意見表明に基づく学校づくりがいろんな形で可能性を持って広がってきていると捉えている。本来であれば子どもの意見を学校で一番聞いているのは、先生であるべきだしそうであったはず。戦後日本の教育運動、教職員の労働運動も、子どもたちの意見や気持ちを聞いて受け止め、自分たちの労働条件は子ども（保護者）のためにもこうあるべきだと水準を設定して運動の中で実現を勝ち取ろうとしていった運動であった。でもいつの間にか組合としてもパワーを失って、どんどん条件が後退、あるいはなかなか前に進まない状況の中で停滞しているように見えるが、本来は子どもと保護者と、それから教師が一緒になって、労働条件の分野でも教育現場でも取り組んでいく。子どもの意見を中心とすることで新しい可能性を広げていく必要があると思った。

間宮 私は、主体的という言葉は何なんだろうとすごく考える。教育分野では主体的に学ぶことがすごく出てくるが、主体的に学ぶことを強制されそれが評価になるのであれば、それは主体的ではないと思う。学校の先生と話すと「わかりました。じゃあ、生徒に何々させます」と言われることが結構あるが、それでは子どもは客体でしかないと思う。生徒指導提要の改訂版によって学校からも子どもの権利の勉強をしたいとたくさん依頼をいただいている状況ではあるが、あれを全編通じても子どもは客体のままであり「なごもっか」ではあれでは足りないという所見を出している。そこが変わらない限り不登校の問題も解決していかないと思う。元々の学校が変わろうとしない点が非常に問題だと感じており、やはり子どもが権利の主体ではなく、子どもの権利保障が出来ていないから、今このようなことが起きているのではと感じている。

熊谷 今日はずっと場違いな場所に来てしまったと思っていた。実は今までのデータが入ったハードディスクが読み込めなかったため、ほとんどのデータがないところで20年間を思い出しながらの話になったが、まとまった話ができたかなと思う。僕が親の会で話を聞きながら伝えてきたことは、3歩下がって子の影で待つ、転ばぬ先の杖はいらない、この2つを自分自身に言ってきた。先取りして転ばぬように育てるのは間違っているし、子どもの前に親が出ていったらそれは伴走者ではない。子どもは絶対自分の中に答えを持っているといつも思っている。

司会（村山） 公開シンポジウムを以上とする。

（文責・鄭　扇伊）

〔自由研究発表〕

先端技術導入による教育法秩序の構造変容

斎　藤　一　久（明治大学）

はじめに

データは、「新たな石油」「21世紀の石油」と呼ばれる。教育においても、それは例外ではなく、教育DXは、文部科学省のGIGAスクール構想を通じて、今や巨大な市場となっている。

Ⅰ　「1人1台端末」をめぐる諸問題

GIGAスクール構想による「1人1台端末」により、デジタル教科書化が加速している。学校教育法34条2項が改正され、デジタル教科書の使用が認められることになり、2024年度からは小5～中3の英語でデジタル教科書が配布されている。もっとも生徒の健康保護などの観点から、使用の際に一定の配慮が文科省により求められている。教科書検定について、紙と同じ部分は検定対象となっているが、QRコードで読み取れる「デジタル教材」は対象外となっている。

新聞などでは十分に報道されていないが、教育現場では「1人1台端末」の負の側面も指摘されている。それは子どもたちのネット依存である。生徒自身がスマホなどの情報端末を有していない家庭では、「1人1台端末」によりネット依存が加速していると言われる。また学校では、盗撮が問題になっていることも指摘されている。

Ⅱ　憲法26条2項の義務教育の「無償」の意味

デジタル教科書時代では、憲法26条2項の「無償」の意味が問われることになる。デジタル教科書用に情報端末は必須である以上、無償であるべきだろう。同時に補修やソフトの更新も無償措置とすべきである。なお高校は無償措置の範囲からは外れるが、比較的高額になっている状況からすれば、この点の財政措置も問題となる。

Ⅲ　個人端末と個人情報保護

すでに学校や教育委員会が学習履歴を収集・分析しており、それらを民間業者に委託している。実態が十分に見えないところがあるが、自治体によっては、いわゆる「お便り」による通知のみによって正当化しているところもあり、個人情報保護法との関係性が問われるところである。また生徒の情報端末の検索履歴を収集し、キーワードによる生徒のいじめ・自殺予防を発見しようという試みも見られる。生徒の保護の観点があるとしても、生徒のプライバシー権からすると問題がないとは言えない。

さらにデジタル庁は学校事務などのデジタル化だけではなく、学習者教育データを蓄積し、活用するという構想も打ち出しており、教育データについては、生涯に渡る

活用という目標も掲げられているが、この点もプライバシー権の観点から注視される必要がある。

その他、教師の教育の自由などからも、本問題については検証の余地がある。

なお本研究は、報告者が研究代表者を務める科学研究費補助金・基盤研究（B）「先端技術導入による教育法秩序の構造変容の解明」（23K25449）として、現在、研究を継続しているところであり、本報告はその成果の一部である。

【参考文献】
斎藤一久『憲法パトリオティズムと現代の教育』（日本評論社、2023年）。
同「教育を受ける権利をめぐる現代的諸問題」『講座 立憲主義と憲法学 人権Ⅰ〔第2巻〕』（信山社、2022年）221頁以下。

憲法上の「私学」の再検討

　　　　　　　　　　　　　川　上　大　貴（中央大学大学院・院生）

　憲法上の「私学の自由」の対象となる学校の範囲はどこまでか。日本、アメリカ及びドイツの3か国比較から、今回検討を試みた。

Ⅰ　日本における「私学」概念

　日本国憲法に「私立学校」の文言はない。法律では、教育基本法8条、学校教育法（以下「学教法」という。）2条2項及び私立学校法2条3項に規定されている。学校法人が設置する学教法1条に規定する学校（以下「一条校」という。）が「私立学校」である点及び専修学校・各種学校を含まない点は共通だが、幼保連携型認定こども園、宗教法人立の幼稚園、株式会社立学校などを含むかは異なる。

　学説のほとんどは、「私学の自由」を論じるに際し、学校法人立の学教法1条に規定する学校を「私学」としている。一方で、相良惟一は、学校法人立の一条校、専修学校及び各種学校を私学とし、国家による認可を受けていない教育施設を私塾とするなど、私学概念を拡張して捉える見解もある（相良惟一『私学運営論』（教育開発研究所、1985年）419-420頁参照）。

　旭川学力テスト事件最高裁判決（最大判昭51・5・21刑集30巻5号615頁）は「私学教育の自由」を肯定したが、その射程を検討していない。私立各種学校設置不認可処分取消請求事件（福岡地判平元・3・22判時1310号33頁）では、「公の性質をもつ教育にあっても私学教育の自由が一定限度認められること……に鑑みれば、少なくとも私立各種学校に関する限り、その教育活動は原則として自由と解さ」れると判示した。地裁ではあるが、憲法上の「私学の自由」の保障が、私立各種学校に及ぶ

ことを示唆したといえる。

Ⅱ　アメリカにおける「私立学校」概念

　就学義務履行可能な私学の存在は、Meyer v. State of Nebraska 判決（262 U.S. 390 (1923)）及び Pierce v. Society of the Sisters 判決（268 U.S. 510 (1925)）の２つの連邦最高裁判所判決によって確認された。両判決により、親の私立学校選択権が修正14条で保障する自由として認められ、私立学校の自由も肯定された。就学義務を履行できない補習校に相当する私立学校にも、前述の２判決を引用した Farrington v. Tokushige 判決（273 U.S. 284 (1927)）において憲法上の保障が及ぶと判示された。

Ⅲ　ドイツにおける「私立学校」概念

　基本法７条４項１文の規定により、２つの私立学校（代用学校（Ersatzschule）と補充学校（Ergamzumgsschule））に憲法の保障が及ぶことが明示されている。

　代用学校は、基本的に公立学校と同じ教育課程を提供し、同じ知識と技能を授ける教育機関であるとされ、認可に当たっては公立学校との等価値性（Gleichwertigkeit）が要求される。補充学校は、職業教育分野の学校や外国人のための私学が該当し、役割・教育の対象・組織形態は学校としての性格を有するが、学校制度の外に位置し、公立学校の代替としての機能を果たしていない学校とされ、就学義務を履行できない。

Ⅳ　まとめ

　日本の現行法及び通説からは、「私学の自由」の対象に専修学校・各種学校は含まれないと解されるが、裁判例からは異なる見解もあり得る。一方、米独では、就学義務の履行の可否に関わらず、国家による認可を受けた学校に憲法の保障が及んでいる。「私学の自由」の射程及び一条校を中心とする現在の学校制度を再考する必要があり、特に、上級学校への進学資格を得られる専修学校の専門課程は慎重な検討を要する。

埼玉県立高校における男女別学・共学問題
「埼玉県男女共同参画苦情処理委員による勧告」（2023.8.30）を巡る問題

江　熊　隆　徳（東京高法研）

Ⅰ　はじめに

　2023年８月30日、埼玉県男女共同参画苦情処理委員により20余年の歳月を経て再び出された「共学化」勧告に対して、現在その是非を巡って様々な議論や運動が巻き起こっている。本報告では2002年の第１回勧告と今回の第２回勧告を比較し、埼玉県の公立別学高校の共学化に関わる問題の本質がどこにあるのかを探っていく。

Ⅱ　二つの「共学化」勧告と勧告に対する反発

　時を隔てて出された二つの勧告は、共に「男女別学校の共学化を早期に実現」する

ことを勧告している点でその表面的な結論は共通したものとなっている。そして勧告に対する別学校関係者の反発も過去のものと変わらない形に見える。しかし、女子中学生の性別を根拠に希望する学校への受験機会さえ与えられないという具体的な権利侵害・不利益の救済要求に基づく今回勧告は、一般論として早期の共学化を求めた苦情に基づく前回勧告とは質的に大きく異なり、ここに今回勧告の本質があるといえる。

従って、今回の勧告が結果として強く求めていることは特に男子別学校の共学化にあるように見える。このことは前回の反対運動が県立浦和第一女子高校を中心としていたのに対して、今回のものでは県立浦和高校の反発が際立っていることと符合する。

Ⅲ　共学化問題の本質

埼玉県は2004年にそれまでの学区制を廃止し、県内全ての中学生に学校選択の自由を完全に保障する方針を採っている。同時に、埼玉県は政策的に学校が個性化し競い合う「魅力ある学校づくり」という路線を歩んできた。そしてバラエティ（variety）という意味で多様化し個性化した学校の中から自由に進学先を選択することで受験生に学校の多様性を保障しようとしている。しかし、今日に至るまで別学校に対する性別による出願制限だけが学校選択の唯一の制約として残されており、実はこのことが政策的な自己矛盾を生んでいる。県立浦和高校が県立初のSGH校として独自の教育課程を編成してきたように、全ての県立高校には他の学校では代替することができない独自の特徴が要求されてきた。その意味で性別を唯一の根拠に受験機会さえ認めない県立高校が存在することには全県一区の埼玉県としては大きな問題があるのである。

これに対して別学が多様な学校選択の一つの形として必要だという考え方がある。それを全面的に否定するわけではないが、「性別による排除」の是非との関係から見れば、相対的に人権調整上のプライオリティは下位に位置づけられるべきではないだろうか。加えて言えば、埼玉の県立別学高校は殆どが戦前からの旧制エリート中等学校であり今なお受験難関校でもある。共学のみの県公立中学校において、学業成績も特別活動の実績もクラスの最上位にいるような生徒だけが高い合格蓋然性を持っている。別学校は、殆どの中学生にとって始めから現実的な選択肢にはなっていないのである。

戦後教育改革において目指された高校三原則は、小学区制・総合制・男女共学であったが、これはそれぞれの学校がダイバーシティ（diversity）という意味での多様性を持ちその中でそれぞれの生徒が個性的に育っていくことを目指したものであると思われる。従って、これら全てを否定した上に成り立っている現在の埼玉の公立高校制度において、男女別学の存続に頑なに拘ることにどんな建設的な意味があるのだろうか。

今回の勧告の本質は、性別による排除の論理に対する抗議とその抗議に対する応答

にあったといえる。そのことと「別学という学校のアイデンティティ」の維持という問題を同じレベルで論じているところに、共学化賛成派と共学化反対派の議論がかみ合わない原因の殆どがあるのではないだろうか。

文科省及び日弁連の「スクールロイヤー」による「代理人」構想の問題点

五十嵐 裕美子（弁護士）

　日本弁護士連合会（以下、「日弁連」という。）による令和6年3月14日付「教育行政に係る法務相談体制の普及に向けた意見書」（以下、「本意見書」という。）は、スクールロイヤーを「助言・アドバイザー業務又は代理・保護者との面談への同席等の業務を担う専ら教育行政に関与する弁護士」と定義し、教職員の疲弊に対処する必要性を強調し、スクールロイヤーが「学校や教育委員会の代理人」となれる体制の整備を要求する。これは、同じ日弁連による平成30年1月18日付『スクールロイヤー』の整備を求める意見書」（以下、「前意見書」という。）がスクールロイヤーを「子どもの最善の利益を念頭に置きつつ、教育や福祉等の視点を取り入れながら、法的観点から継続的に学校に助言を行う弁護士」と定義することで、教員側の負担となるいじめ・暴力行為・児童虐待・教職員の体罰や性加害等（普通交付税措置導入時における法務相談体制の利用目的〔総務省報道資料「令和2年度の地方財政の見通し・予算編成上の留意事項等」（令和2年1月24日）29頁、文部科学省「令和4年度概算要求のポイント」10頁〕）の事案においても、子どもを保護する助言を実効的に行える設計としていたのと対照的である。

　本意見書は、教職員の負担軽減と子どもの最善の利益が対立しうることや、学校と対立する保護者が子どもの最善の利益の代弁者であることに触れていない。学校や教育委員会の「代理人」が、教職員の疲弊防止にのみにとらわれず、地方教育行政の責任との矛盾しない活動ができるのかも懸念される。前意見書の定義と大きく性質の異なる業務を公立学校限定で行う特殊な者に、前意見書と全く同じ「スクールロイヤー」という定義の統一的整理を示さず用いたのは、前意見書の定義による助言者としてのスクールロイヤーの公正らしさと信頼を毀損した点で大きな問題があったといえよう。

　そもそも、地方教育行政の主体かつ最終責任者たる教育委員会は所管事項に関連する法令を理解する必要があり、保護者等からの過剰な苦情や不当な要求等への対応に教職員が疲弊していれば、教育委員会がその対応を引き受けるべきである（中央教育審議会「新しい時代の教育に向けた持続可能な学校指導・運営体制の構築のための学

校における働き方改革に関する総合的な方策について（答申）」〔平成31年1月〕74頁）。教育委員会職員自身も教育法規に関する法的論争に耐えられず疲弊する等の理由で、弁護士に業務を代行させようとすることは、地方教育行政の主体としての責任放棄に等しい。

　本意見書及び文部科学省通知（「令和4年度公立学校教職員の人事行政状況調査結果等に係る留意事項について（通知）」〔令和6年3月28日〕）にいうスクールロイヤーの代理人対応に係る以下の問題も未解決であることを指摘しておく。①本意見書にいう、弁護士が「保護者との間で争いとなっている点」を代理し「日常的な対応」については学校が直接保護者と連絡するという整理は実務上不可能であり、保護者から教職員への正当な連絡を阻害する、②学校や教育委員会の客観的利益及び責務と教職員個人の利益とは別物である、③私人が私権を弁護士に代理行使させるのと同様の意味で、行政機関が行政権の行使を弁護士に「代理」させる法的根拠はない（訴訟代理は例外。国の利害に関係のある訴訟についての法務大臣の権限等に関する法律7条4項、5条3項参照）、④本意見書想定の「代理人」業務は、裁量や判断を要する業務や、利害対立が激しく公平な判断を要する業務等を含むため、弁護士を含めた民間へ「委託」できるものではない（地方公共団体における民間委託の推進等に関する研究会「地方公共団体における民間委託の推進等に関する研究会〈報告書〉」〔平成19年3月〕8〜11頁）、⑤法令上教員免許を有する教員が行うべき教育活動の一環としての保護者対応は、弁護士代理になじまない。

韓国における校内暴力の法的概念の拡張とその結果

金　　　龍（韓国教員大学）

　オーストラリアの心理学者である Nick Haslam は、心理に関連する概念の外縁が拡張し続ける現象を指摘し、これを「概念拡張（concept creep）」と定義した。例えば、「児童虐待」は、最初は身体的・性的虐待、家庭で親が子どもを対象にした虐待を意味したが、時間が経つにつれ精神的虐待、また家庭外で行われる虐待も意味するようになり、最初と異なり、後に「虐待」は「放置」の意味も含むようになった。このように当初の概念とは異なる現象まで意味が拡張されたり（水平的概念拡張、horizontal concept creep）、より低い水準の現象を心理的異常行動に含んだりすることもある（垂直的概念拡張、vertical concept creep）。彼は当初認識されたことよりもさらにあいまい（不明確）で、比較的に極端でない現象まで意味が拡張され、当初は望ましくない行為だけを意味していた概念が、回避と不作為等、客観的行為ではなく、主観的側面で判断できる行為をも含むことになると主張する。

自由研究発表

　韓国では2004年、「学校暴力予防法」が制定された。当時、同法2条は「学校暴力」について「学校内外で生徒間に発生した暴行、脅迫、いじめなどにより身体、精神または財産上の被害を伴う行為として大統領令が定めた行為」と定義し、大統領令は「傷害、暴行、監禁、脅迫、略取、誘引、醜行、名誉毀損、侮辱、恐喝、財物損壊および集団いじめその他に被害者の意思に反する行為を加えたり、させたりする行為」を意味すると規定した。だが、2008年には強要と性暴力、そして情報通信網を利用したわいせつ、暴力情報の流布も学校暴力として追加され、醜行と財物損壊は削除された。また、2012年には「生徒間で発生した」という表現が「生徒を対象」に変更され、使いっぱしり（パシリ）とサイバーいじめ（ネットいじめ）が含まれた。さらに、2012年の法律改正時には、「いじめ」と「サイバーいじめ（ネットいじめ）」についてそれぞれ別の定義が追加された。

　校内暴力の概念の拡張の結果、加害者の範囲が拡張された。最初は児童生徒だけを加害者と想定していたが、現在は児童生徒を対象に暴力を行使するすべての人が加害者になりうる。例えば、教師が生徒を体罰する場合、過去には「刑法」または「児童虐待処罰法」が適用されたが、現在は「学校暴力予防法」上の加害者になることもありうる。また、性暴力、情報通信網を利用したわいせつ、暴力情報などによる暴力、使いっぱしり（パシリ）、サイバーいじめ（ネットいじめ）などが順に学校暴力概念に追加された。生徒だけでなく、教師を含むすべての成人が加害者とされるようにしたことは「水平的概念拡張」として理解でき、「使いっぱしり（パシリ）」を含むことは「垂直的概念拡張」の事例として理解できる。

　以上のように、法的概念の拡張によって学校暴力の範囲が広がりつつある。「使いっぱしり（パシリ）」のように「暴行」や「傷害」に比べて強度が弱い事件が「暴力」と見なされ、主観的判断により「暴力」と考えることもでき、そうでないこともありうる事件がますます多く「学校暴力」と認識されるようになる。こうした変化の結果、法律の趣旨が色あせる。本来「学校暴力予防法」は生徒を苦しませる暴力を予防するために制定されたが、今は誰でも、どんな形であれ被害を受けたと認識するだけで「学校暴力」にあったと主張できる根拠になった。

　その結果、学校暴力の概念が拡張され、学校暴力の申告が増え、訴訟につながる事例が増えている。弁護士がこの過程に介入し、学校暴力事件が「法市場」に流れ込んでいる。一方、非常に深刻な事案と軽い事案が同等に処理され、深刻な暴力事案に対する関心がむしろ減少している。

デンマークにおけるインクルーシブ教育と現場の課題

内　藤　　　識（早稲田大学大学院・院生）

I　はじめに
　日本において、障害者権利条約の理念に沿った議論が不十分で、障害のある子の教育を受ける権利に関する課題がある。本稿では、世界有数の福祉国家であり、国内の先行研究では先進的とされるデンマークを参考にしながら、日本のインクルーシブ教育実現に向けた法制度の整備や課題への対応の必要性を述べる。

II　障害者権利条約を踏まえた日本における課題
　日本は2014年に障害者権利条約を批准し、インクルーシブ教育の実施が求められるようになった。しかし、従来の日本の憲法学・教育法学では、障害のある子が障害のない子と同等に学ぶことや、同じ学級に通うことまでは保障されていないとする主張が中心であった。このため、障害者権利条約の理念に沿った急激な方針転換が必要である。2022年の国連の勧告では、分離教育となっている現状の特別支援教育の中止と、インクルーシブ教育実施のため、法律、行政上の取り決め等の策定が求められた。

III　デンマークにおける取組みと現場の課題
　デンマークでは、憲法に直接的規定はないが、国民学校法に詳細な規定がある。障害者権利条約批准前から、特別教育不服審査委員会への不服申立て制度や、障害のある子への支援に関する規定が存在する。さらに、障害者権利条約批准後、法改正により通常学級での学びを原則とする規定が追加された。具体的には、特別教育不服審査委員会が重大な学業上の理由がない限り、通常学級で学ぶとされた決定を覆せないとする規定や、障害のある子への特別な支援、試験での配慮などが規定されている。デンマークにおいても課題は存在する。条約批准後、通常学級に組み込まれた発達障害の子が不登校になる事例が多発し、2017年にデンマーク人権研究所も報告書で取り上げている。特別教育不服審査委員会への申立件数は増加傾向にあり、近年は通学できない子への迅速な支援と個別教育計画の見直しが必要との指摘がある。デンマークでは、継続的な法改正でこうした課題に対応している。これまで、障害のある子の意見表明権の尊重や、読字障害のある子に対する学校の検査提供義務、障害のある子の試験受験のための行政規則策定など、具体的な対応策が法律に盛り込まれてきた。

IV　日本への示唆
　デンマークの事象を踏まえた日本への示唆は以下の通りである。第一に、障害者権利条約の理念に沿った法整備の必要性である。日本でも、学校教育法や障害者基本法の改正を通じ、法律の規定の具体化が必要である。第二に、特別支援教育から通常学

級への転換である。デンマークのように、障害のある子が通常学級で学ぶことを原則とし、例外的な場合にのみ通常学級以外で学ぶことを認めることが必要である。第三に、合理的配慮の提供義務の拡大である。日本の現状では、意思表明がない場合や過度な負担であれば合理的配慮を提供する義務はないが、特に義務教育諸学校においては、今より広範な義務化が理想である。第四に、紛争解決制度の整備である。日本では、就学先の指定に関する不服申立ては教育委員会に対して行うこととなっており、訴訟以外の救済手段が限られる。デンマークの特別教育不服審査委員会のような機関を設けるべきである。最後に、現場の課題への対応である。デンマークでの取組みは、現場レベルでの丁寧な対応やその支援体制の整備が重要であることを示している。

※本研究は、JST次世代研究者挑戦的研究プログラムと、JSPS令和4年度若手研究者海外挑戦プログラムの成果の一部である。

──〔資料 教育法この1年（その1）〕──────

教育法令 （2024年1月～2024年12月）

〈法律〉

○生活困窮者自立支援法等の一部を改正する法律（4.24法律21号）　生活困窮者等の自立の更なる促進を図るため、生活困窮者住居確保給付金及び進学準備給付金の支給対象者の追加、一部の被保護者を対象とした生活困窮者就労準備支援事業等実施、社会福祉住居施設の適正な運営を図るための規定の整備等の措置を講じた。一部を除き、2025.4.1から施行。

○育児休業、介護休業等育児又は家族介護を行う労働者の福祉に関する法律及び次世代育成支援対策推進法の一部を改正する法律（5.31法律42号）　育児休業、介護休業等育児又は家族介護を行う労働者の福祉に関する法律の規定による子の看護休暇、育児のための所定外労働の制限、育児休業の取得状況の公表の対象となる事業主の範囲、小学校の始期に達するまでの子を養育する労働者等の働き方に関する措置等の見直し及び同法の規定による介護休業等の取得等について労働者の意向を確認するための措置等、介護休業等の申し出が円滑に行われるための雇用環境の整備についての見直し等を行ったほか、次世代育成支援対策推進法の規定による一般事業主行動計画及び特定事業主行動計画への数値目標の導入等の見直しを行い、併せて同法の有効期限を2035年3月31日まで延長することとした。一部を除き、2025.4.1から施行。

○子ども・子育て支援法等の一部を改正する法律（6.12法律47号）　妊婦及び児童の保護者等に対する新たな給付の創設、児童手当の支給期間の延長、支給額の増加及び所得要件の撤廃等の措置を講ずるとともに、これらの措置に必要な費用に充てるための子ども・子育て支援納付金及び子ども子育て支援特例公債について定めた。一部を除き、10.1から施行。

○学校教育法の一部を改正する法律（6.14法律50号）　専修学校に専攻科を置くことができることとするとともに、専門課程の入学資格の厳格化、一定の要件を満たす専門課程の修了者への称号の付与、専門課程を置く専修学校への自己点検評価の義務付け等の措置を講じた。2026.4.1から施行。

○障害のある児童及び生徒のための教科用特定図書等の普及の促進等に関する法律の一部を改正する法律（6.19法律55号）　教科用図書発行者から文部科学大臣等に提供された教科用図書に係る電磁的記録を障害のある児童及び生徒並びに日本語に通じない児童及び生徒の双方の学習の用に供するための教科用特定図書等の発行に用

いることができるようにするとともに、教科用図書に掲載された著作物についてこれらの児童及び生徒の学習の用に供するために公衆送信等を行うことができることとした。公布の日から起算して1月を経過した日から施行。

○地方自治法の一部を改正する法律(6.26法律65号)　公金の収納事務のデジタル化及び情報システムの適正な利用等のための規定の整備を行うとともに、国民の安全に重大な影響を及ぼす事態における国と地方公共団体との関係等の特例の創設、地域の多様な主体の連携及び協働を推進するための制度の創設等の措置を講じた。一部を除き、公布の日から起算して3月を経過した日から施行。

○子どもの貧困対策の推進に関する法律の一部を改正する法律(6.26法律68号)　法律の題名をこどもの貧困の解消に向けた対策の推進に関する法律に改め、同法の目的として貧困によってこどもがその権利利益を害されること及び社会から孤立してしまうことがないようにすることを、同法の基本理念として貧困の状況にある者が妊娠してから出産するまでの各段階及びそのこどもが大人になるまでの各段階において切れ目なく支援が行われるべきことを加える等の規定の整備を行った。公布の日から起算して3月を超えない範囲において政令で定める日から施行。

○学校設置者等及び民間教育保育等事業者による児童対象性暴力等の防止等のための措置に関する法律(6.26法律69号)　児童等に対して教育、保育等の役務を提供する事業を行う立場にある学校設置者等及び民間教育保育等事業者が教員等及び教育保育等従事者による児童対象性暴力等の防止等をする責務を有することを明らかにし、学校設置者等が講ずべき措置並びにこれと同等の措置を実施する体制が確保されている民間教育保育等事業者を認定する仕組み及び当該認定を受けた民間教育保育等事業者が講ずべき措置について定めるとともに、教員等及び教育保育等従事者が特定性犯罪事実該当者に該当するか否かに関する情報を国が学校設置者等及び当該認定を受けた民間教育保育等事業者に対して提供する仕組みを設けた。一部を除き、公布の日から起算して2年6月を超えない範囲において政令で定める日から施行。

〈政令〉

○令和6年能登半島地震による災害についての激甚災害及びこれに対し適用すべき措置の指定に関する政令(1.11政令4号)　令和6年度能登半島地震による災害を激甚災害として指定するとともに、当該激甚災害に対し適用すべき措置として公共土木施設災害復旧事業等に関する特別の財政援助等を指定する等した。

○文部科学省組織令の一部を改正する政令(3.29政令88号)　総合教育政策局に日本語教育課及び参事官1人を新たに置くとともに、初等中等教育局修学支援・教材課の名称及び所掌事務並びに研究開発局地震・防災研究課の名称の変更等を行った。4.1から施行。

○独立行政法人日本学生支援機構法施行令及び大学等における修学の支援に関する

法律施行令の一部を改正する政令（3.29 政令 96 号）　　大学院修士課程等に在学する者の第一種学資貸与金の貸与額として授業料月額相当額等を選択できることとするとともに、所得に応じて定める学資支給及び授業料等減免の額の区分について従前の区分より高い所得の者を対象とする区分を新たに設けた。

○公立義務教育諸学校の学級編制及び教職員定数の標準に関する法律施行令等の一部を改正する政令の一部を改正する政令（3.29 政令 105 号）　　2024 年度における公立学校義務教育諸学校の教職員定数の標準を定めた。4.1 から施行。

○公立義務教育諸学校の学級編制及び教職員定数の標準に関する法律の一部を改正する法律の施行に伴う学級編制の標準に関する経過措置に関する政令の一部を改正する政令（3.29 政令 106 号）　　標記法律附則 2 条に定める経過措置に関し、2024 年度における公立の小学校等の学級編制の標準となる 1 学級の児童の数が 40 人である学年を定めた。4.1 から施行。

○義務教育費国庫負担法 2 条ただし書及び 3 条ただし書の規定に基づき教職員の給与及び報酬等に要する経費の国庫負担額の最高限度を定める政令の一部を改正する政令（3.29 政令 107 号）　　一般職の職員の給与に関する法律等の一部の施行に伴い、教職員の給与及び報酬等に要する経費の国庫負担額の最高限度額の算定の対象に在宅勤務等手当を追加した。4.1 から施行。

○子ども・子育て支援法施行令の一部を改正する政令（3.30 政令 160 号）　　新たに国立大学法人が認定こども園を設置することに伴い国等が設置する認定こども園に係る施設等利用費の額について所要の規定の整備を行うとともに、施設型給付費の支給等に要する費用の一部について一般事業主から徴収する拠出金をもって充てる割合を改定した。4.1 から施行。

○私立学校法の一部を改正する法律の施行に伴う関係政令の整備に関する政令（6.14 政令 209 号）　　大臣所管学校法人等の基準を定める等、私立学校法施行令その他の関係政令の規定の整備を行った。2025.4.1 から施行。

○生活保護法施行令の一部を改正する政令（8.20 政令 265 号）　　生活困窮者自立支援法等の一部を改正する法律の一部の施行に伴い、子どもの進路選択支援事業の実施に要する費用に係る国の補助ついて所要の事項を定めた。10.1 から施行。

○義務教育諸学校等の施設費の国庫負担等に関する法律施行令の一部を改正する政令（9.19 政令 286 号）　　養護特別支援学校の設置等が行われる年度の 3 年前の年度に実施する建物の建築に要する経費を国庫負担割合の特例の対象とした。2025.4.1 から施行。

○子どもの貧困対策の推進に関する法律の一部を改正する法律の施行期日を定める政令（9.20 政令 290 号）　　標記法律の施行期日を 2024 年 9 月 25 日と定めた。

○子どもの貧困対策の推進に関する法律の一部を改正する法律の施行に伴う関係政

令の整備に関する政令（9.20政令291号）　標記法律の施行に伴い、子どもの貧困対策の推進に関する法律8条2項2号の子どもの貧困率等の定義を定める政令その他の関係政令の規定の整備を行った。標記法律の施行の日（9.25）から施行。

○義務教育費国庫負担法第二条ただし書及び第三条ただし書の規定に基づき教職員の給与及び報酬等に要する経費の国庫負担額の最高限度を定める政令の一部を改正する政令（12.20政令387号）　教職員の給与及び報酬等に要する経費の国庫負担の最高限度の算定について、育児休業等をしている教職員の業務を代替する教職員の人事をより適切に反映できるようにするため、当該最高限度額の算定方法の見直しを行った。2025.4.1から施行。

○子ども・子育て支援法施行令の一部を改正する政令（12.27政令403号）　特定教育・保育、特別利用保育、特別利用教育、特定地域型保育、特別利用地域型保育、特定利用地域型保育及び特例保育に要する費用の額の算定に関する基準等の一部について改めた。

〈省令〉

○気候変動適応法施行規則（1.16環境省令2号）　気候変動適応法及び独立行政法人環境再生保全機構法の一部を改正する法律の施行に伴い、熱中症警戒情報及び熱中症特別警戒情報の発表、指定暑熱避難施設の管理、熱中症対策普及団体に関する事項等を定めた。同法の施行の日（4.1）から施行。

○児童福祉法に基づく指定通所支援の事業等の人員、設備及び運営に関する基準等の一部を改正する内閣府令（1.25内閣府令5号）　児童発達支援及び医療型児童発達支援に関する基準の一元化並びに福祉型児童発達支援センター及び医療型児童発達支援センターに関する基準の一元化を行うとともに、これらの基準のうち難聴児、重症心身障害児等に区分されていたものについて障害の区分にかかわらず統一的な基準を定めたほか、障害児の地域社会への参加及び包摂の推進に関する指定児童発達支援事業者等の努力義務を定める等の措置を講じた。一部を除き、4.1から施行。

○高等学校卒業程度認定試験規則の一部を改正する省令（1.31省令1号）　高等学校卒業程度認定試験の科目として情報を追加したほか、所要の規定の整理を行った。2026.4.1から施行。

○児童福祉施設の設備及び運営に関する基準及び家庭的保育事業等の設備及び運営に関する基準の一部を改正する内閣府令（3.13内閣府令18号）

○幼保連携型認定こども園の学級の編制、職員、設備及び運営に関する基準の一部を改正する命令（3.13内閣府＝文部科学省令1号）　以上2件は、保育所、小規模保育事業、事業所内保育事業及び幼保連携型認定こども園の保育士等の配置基準について、保育士等1人当たりの幼児の人数を、満3歳以上満4歳未満の幼児にあってはおおむね20人からおおむね15人に、満4歳以上の幼児にあってはおおむね30人以

上からおおむね25人以上に改めた。4.1から施行。

○小学校及び中学校の教諭の普通免許状授与に係る教育職員免許法の特例等に関する法律施行規則の一部を改正する省令（3.21省令5号）　小学校及び中学校の教諭の普通免許状の取得のために必要な介護等の体験を行うための施設として女性自立支援施設を追加するとともに、新型コロナウイルス感染症の発生またはまん延に伴い当該体験を一定の者に免除することとした特例を2024年度まで延長した。4.1から施行。

○児童福祉法施行規則の一部を改正する内閣府令（3.26内閣府令25号）　指定保育士養成施設の入所資格として、児童福祉施設において2年以上児童の保護に従事した者に加え、新たにこれに準ずるものとしてこども家庭庁長官の定める者を定めた。4.1から施行。

○一時保護施設の設備及び運営に関する基準（3.27内閣府令27号）　児童福祉法等の一部を改正する法律の施行に伴い、児童相談所に設置される一時保護施設に配置する従業者及びその員数その他の事項に関する基準を定めた。4.1から施行。

○子ども・子育て支援法施行規則の一部を改正する内閣府令（3.28内閣府令32号）　施設等利用給付の対象となる認可外保育施設の基準として、送迎用の自動車における小学校就学前子どもの見落としの防止に関する措置を加えた。4.1から施行。

○大学設置基準の一部を改正する省令（3.29省令7号）　地域医療連携推進法人を構成する者のうち、その開設する病院を大学の附属病院とすることができるものを、医療法70条1項1号に掲げる法人に限定した。4.1から施行。

○国立大学法人法施行規則等の一部を改正する省令（3.29省令9号）　国立大学法人法の一部を改正する法律の施行に伴い土地等の貸付計画の認可、運営方針会議を置く国立大学法人の業務上の余裕金の会計処理等に関し所要の規定の整備を行ったほか、国立大学の附属学校の統合、幼保連携型認定こども園の新設等を行った。一部を除き、4.1から施行。

○義務教育費国庫負担法2条ただし書及び3条ただし書の規定に基づき教職員の給与及び報酬等に要する経費の国庫負担額の最高限度を定める政令施行規則及びへき地教育振興法施行規則の一部を改正する省令（3.29省令10号）　国家公務員の俸給の見直しを踏まえ、教職員の給与及び報酬等に要する経費の国庫負担額の最高限度額の算定の基礎となる給料月額単価を改定し、地方公務員の定年の引き上げに対応するため、60歳に達した後の最初の4月1日以後の職員に係る当該給与月額単価の適用及びへき地手当の取扱いに関する規定の整備を行った。一部を除き、4.1から施行。

○学校教育法110条2項に規定する基準を適用するに際して必要な細目を定める省令の一部を改正する省令（3.29省令11号）　大学の評価を行う機関が文部科学大臣の認証を受けるための要件として、当該機関が作成する大学評価基準において継続的な研究成果の創出のための環境整備等に関する項目を定めていることを追加した。

4.1から施行。

○国立大学等の授業料その他の費用に関する省令の一部を改正する省令（3.29省令12号）　外国人留学生及び国立大学の海外分校に係る授業料等については省令に定める上限にかかわらず国立大学法人が額を定められるようにするとともに、国立大学附属幼保連携型認定こども園が新設されることに伴いその授業料等の標準額を定めた。4.1から施行。

○言語聴覚士学校養成所指定規則の一部を改正する省令（3.29文部科学省＝厚生労働省令1号）　言語聴覚士法基づき文部科学大臣及び都道府県知事が行う学校又は言語聴覚士養成所の指定に係る基準について、教育内容及び単位数の改正等を行った。一部を除き、4.1から施行。

○こども家庭庁組織規則の一部を改正する内閣府令（3.29内閣府令42号）　長官官房総務課の企画官を1人増員した。4.1から施行。

○文部科学省組織規則の一部を改正する省令（3.29省令14号）　総合教育政策局日本語教育課の組織について定めるとともに、研究開発局地震火山防災研究課に火山調査管理官及び防災科学技術調整官を、文化庁宗務課に宗教法人行政室を新たに置きそれらの所掌事務を定める等、文部科学省本省及び文化庁の組織について所要の規定の整備を行った。4.1から施行。

○文部科学省定員規則の一部を改正する省令（3.29省令15号）　文部科学省本省、スポーツ庁及び文化庁の定員を改めた。4.1から施行。

○国立教育政策研究所組織規則の一部を改正する省令（3.29省令17号）　教育課程調査官及び学力調査官を各1人、総括研究官を2人減員した。4.1から施行。

○子ども・子育て支援法施行規則の一部を改正する内閣府令（3.30内閣府令47号）　子ども・子育て支援法施行令の一部を改正する政令の施行に伴い、国等が設置する認定こども園に在籍する小学校就学前子どもに係る施設利用費の額を定めた。4.1から施行。

○日本語教育の適正かつ確実な実施を図るための日本語教育機関の認定等に関する法律施行規則及び認定日本語教育機関認定基準の一部を改正する省令（4.26省令18号）　出入国管理及び難民認定法7条1項2号の基準を定める省令の一部を改正する省令の施行に伴い、所要の規定の整理を行った。

○私立学校法施行規則の一部を改正する省令（6.14省令21号）　学校法人の機関及び管理運営に関する細目を定める等、私立学校法の一部を改正する法律の施行に伴う所要の規定の整備を行った。一部を除き、2025.4.1から施行。

○国際卓越研究大学の研究及び研究成果の活用のための体制の強化に関する法律施行規則の一部を改正する省令（6.14省令22号）　国際卓越研究大学の認定基準のうち、大学の運営体制に関する基準について、大学の運営に関する重要事項の議決及

び国際卓越研究大学研究等体制強化計画に関する業務の執行の状況の監督を行う合議制の機関を設置していることを規定した。

○沖縄科学技術大学院大学学園法施行規則の一部を改正する内閣府令（8.20 内閣府令 69 号）　私立学校法の一部を改正する法律の施行に伴い、会計監査人が監査する書類等に関する規定を整備した。2025.4.1 から施行。

○学校教育法施行規則の一部を改正する省令（8.29 省令 24 号）　学校生活への適応が困難であるため相当の期間学校を欠席した児童生徒の成績評価について、当該児童生徒が欠席中に行った学習の成果を考慮することができることとした。

○大学設置基準及び大学の設置等の認可の申請及び届出に係る手続等に関する規則の一部を改正する省令（9.2 省令 25 号）　医学に関する学部の学科の収容定員の増加に係る大学設置基準等の特例を 2030 年度まで 1 年間延長した。

○特定研究成果活用支援事業計画の認定等に関する省令の一部を改正する省令（9.2 文部科学省＝経済産業省令 1 号）　新たな事業の創出及び産業への投資を促進するための産業競争力強化法等の一部を改正する法律の施行に伴い、規定を整理した。

○児童福祉法施行規則の一部を改正する内閣府令（9.11 内閣府令 78 号）　児童相談所の所長となることができる者として福祉事務所又は児童相談所における児童虐待の防止に係る相談援助業務の実施に関し必要な援助を行う業務に 2 年以上従事し、かつ、児童の福祉その他の福祉に関する業務に 5 年以上従事した者を加える等した。一部を除き、公布の日から施行。

○義務教育諸学校等の施設費の国庫負担等に関する法律施行規則の一部を改正する省令（9.19 省令 26 号）　地域の自主性及び自立性を高めるための改革の推進を図るための関係法律の整備に関する法律の一部施行に伴い、国庫負担の対象となる特別支援学校等の新築又は増築の工事費の算定方法について、所要の規定の整備を行った。2025.4.1 から施行。

○幼保連携型認定こども園の学級の編制、職員、設備及び運営に関する基準の一部を改正する命令（9.27 内閣府＝文部科学省令 3 号）　幼保連携型認定こども園に最低限配置しなければならない職員の員数に含めることができる副園長又は教頭の要件について、幼稚園教諭の免許状の保有又は保育士としての登録のいずれか一方で足りすることとする特例の期限を 2 年間延長した。

○学校教育法施行規則の一部を改正する省令（9.30 省令 27 号）　大学に公表が義務づけられる情報として、入学者の選抜に関する情報、外国人留学生の数に関する情報等を追加した。2025.4.1 から施行。

○学校法人会計基準の一部を改正する省令（9.30 省令 28 号）　私立学校法の一部を改正する法律の施行に伴い、会計帳簿、計算関係書類、財産目録等に関する規定の整備を行った。2025.4.1 から施行。

○私立学校振興助成法施行規則（9.30省令29号）　私立学校方の一部を改正する法律の施行に伴い、助成を受ける学校法人の監査報告の作成の方法、当該学校法人が計算書類等を管轄庁に提出する場合の添付書類、事業活動収支内訳表等の記載方法等について定めた。2025.4.1から施行。

○教科書の発行に関する臨時措置法施行規則及び教科用図書検定規則の一部を改正する省令（10.16省令30号）　官報により行っていた検定済図書に関する情報の告示等について、インターネットの利用その他の適切な方法により行うことを定めた。

○高等学校等就学支援金の支給に関する法律施行規則の一部を改正する省令（11.18省令31号）　生徒の生計を維持する者がいるかどうかを確認するための書類として、健康保険証の写しに代えて、扶養誓約書等の提出を求めることとしたほか、所要の規程の整理を行った。12.2から施行。

○一時保護施設の設備及び運営に関する基準の一部を改正する内閣府令（11.29内閣府令107号）　都道府県が一時保護施設に備えなければならない職員の数及び夜間の体制に関し、2025年3月31日までは内閣府令で定める基準によらないことができるとする特例について、職員の確保が著しく困難な事情があり、かつ、職員の確保に係る計画を策定した都道府県においては、条例で定めるところにより、施行の日から起算して5年以内の間は、引き続き、当該特例の適用を受けることができることとする等の措置を講じた。一部を除き、公布の日から施行。

○児童福祉施設の設備及び運営に関する基準等の一部を改正する内閣府令（11.29内閣府令109号）　地域の自主性及び自律性を高めるための改革の推進をはかるための関係法律により栄養士法が改正されたことに伴い、児童福祉施設等に配置しなければならない職員の種類について、所要の規定の整備を行った。2025.4.1から施行。

○学校教育法施行規則の一部を改正する省令（12.13省令33号）　大学の評価機関として文部科学大臣の認証を受けるための申請書の添付書類として申請者の経理的基礎に関する書類を定めたほか、認証評価機関の認証の申請及び届出に係る手続等に関する規則の施行に伴い所要の規定の整理を行った。2025.4.1から施行。

○認証評価機関の認証の申請及び届出に係る手続等に関する規則（12.13省令34号）　大学の評価機関として文部科学大臣の認証を受けるための申請及び当該認証を受けた評価機関が評価基準、評価方法等を変更する場合の文部科学大臣への届出の手続等に関する細目を定めた。2025.1.1から施行。

○スポーツにおける使用を禁止すべき物質及び国際規約に違反する行為を定める省令の一部を改正する省令（12.23省令36号）　スポーツにおけるドーピングの防止に関する国際規約附属書Iの改正に伴い、規程の整理を行った。2025.1.1から施行。

以上の整理に際し、『官報』および『法律時報』を参照した。　　（文責・山沢智樹）

―――[資料　教育法この1年（その2）]――――――

教育判例（2024年1月～2024年12月判例集登載分）

2024年1月～12月に発行された下記判例集（括弧内は略称）から、教育に関する判例のうち主要なものをピックアップした。ただし、前号以前の本学会年報に掲載された判例は除外している。

最高裁判所民事判例集（民集）・最高裁判所刑事判例集（刑集）77巻5号～78巻2号、判例時報（判時）2573号～2607号、判例タイムズ（判タ）1514号～1526号、労働判例（労判）1297号～1318号、判例地方自治506号～513号（判自）

I　教職員処分・処遇関係

高校セクハラ事件（損害賠償請求事件）　京都地判令元・6・28　平成28年（ワ）第1402号　一部認容、一部棄却（確定）　労判1302-49

国歌斉唱等意向確認後再任用選考不合格事件（損害賠償請求控訴事件）　大阪高判令3・12・9　令和3年（ネ）第100号　一部認容（原判決変更）、一部棄却（上告受理申立）　労判1298-30

公立小学校教員時間外勤務手当等請求事件（未払賃金請求控訴事件）　東京高判令4・8・25　令和3年（行コ）第270号　控訴棄却（上告、上告受理申立、後上告棄却、後上告不受理）　判自510-99

公立高校生徒対応事件（損害賠償請求控訴事件）　東京高判令4・12・7　令和4年（ネ）3338号　控訴棄却（確定）　判自512-87

公立小学校体罰暴言事件（国家賠償請求事件）　熊本地判令5・2・10　令和3年（ワ）第215号　一部認容、一部棄却（確定）　判時2588-21

公立高校教員酒気帯び運転処分事件（懲戒免職処分取消、退職手当支給制限処分取消請求事件）　最三小判令5・6・27　令和4年（行ヒ）第274号　破棄自判　労判1297-78

公立中学校教員過重業務死亡事件（国家賠償請求事件）　富山地判令5・7・5　令和元年（ワ）第237号　一部認容、一部棄却（確定）　判時2574-72

学校法人コングレガシオン・ド・ノートルダムほか事件（労働契約上の地位確認請求事件）　福岡地小倉支判令5・9・19　令和4年（ワ）第22号（第1事件）、令和5年（ワ）435号（第2事件）　一部認容、一部却下（控訴）　労判1313-54

学校法人定期昇給・特別昇給事件（未払い賃金等請求事件）　東京地判令5・10・30

令和元年（ワ）第34176号　請求棄却（控訴）　判タ1520-65

Ⅱ　学校災害・いじめ・ハラスメント関係

公立中学校剣道部熱中症事件（損害賠償請求事件）　**福岡地判令4・3・25**　令和元年（ワ）2387号　一部認容、一部棄却（確定）　判自510-106
公立高校安全配慮義務違反事件（損害賠償請求事件）　**大阪地判令4・6・28**　平成31年（ワ）第1644号　認容（確定）　労判1307-17
公立高校野球部死亡事故事件（損害賠償請求事件）　**金沢地判令4・12・9**　令和2年（ワ）第422号　一部認容、一部棄却（確定）　判時2591-33
公立小学校正課授業事故事件（損害賠償請求控訴事件）　**大阪高判令5・1・12**　令和4年（ネ）第1432号　変更、請求一部認容（上告受理申立）　判タ1522-109
公立高校自転車競技部生徒負傷事故事件（損害賠償請求事件）　**京都地判令5・2・9**　平成30年（ワ）第532号　一部認容、一部棄却（控訴、和解）　判時2585-51
国立大学附属中学校組体操死亡事故事件（損害賠償請求事件）　**広島地福山支判令5・4・26**　平成29年（ワ）第214号　棄却（確定）　判時2590-70
公立中学校いじめ対応事件（国家賠償請求事件）　**名古屋地判令6・3・19**　令和4年（ワ）第2974号　請求棄却（控訴）　判タ1522-158

Ⅲ　大学・高等教育関係

国立大学法人愛知教育大学事件（停職処分無効確認等請求事件）　**名古屋地判令3・1・27**　平成31年（ワ）第1665号　一部認容、一部棄却（確定）　労判1307-64
放送大学学園事件（労働契約上の地位確認等請求事件）　**徳島地判令3・10・25**　平成30年（ワ）第253号　一部認容、一部棄却、一部却下（控訴後和解）　労判1315-71
国立大学法人東京大学医局内定取消事件（地位確認等請求事件）　**東京地判令3・11・9**　令和3年（ワ）第7479号　棄却（控訴）　労判1312-70
早稲田大学公募事件（損害賠償等請求控訴事件）　**東京地判令4・5・12**　令和元年（ワ）第15129号　棄却（控訴）　労判1298-61
就労請求権事件（損害賠償請求控訴事件）　**東京高判令4・10・24**　令和4年（ネ）第2310号　控訴棄却（確定）　判タ1517-87
大学研究室占有回収事件（損害賠償等請求控訴、同附帯控訴事件）　**大阪高判令5・1・26**　令和4年（ネ）第437号、1302号　一部変更（上告、上告受理申立）　判時2606-72
外国人専任教員有期労働契約事件（地位確認等請求事件）　**長崎地判令5・1・30**　令和元年（ワ）第393号　一部認容、一部棄却（控訴、和解）　判時2602-72

大学職員自殺事件（労働者災害補償保険給付不支給決定取消請求事件）　**大阪地判令**
　5・3・23　令和2年（行ウ）第49号　請求棄却（控訴）　判タ1521-169
大学テニスサークル飲酒死亡事件（損害賠償請求事件）　**大阪地判令5・3・31**　令和
　2年（ワ）第6472号　一部認容（控訴）　判タ1525-201
玉手山学園関西福祉科学大学事件（地位確認等請求事件）　**京都地判令5・5・19**　令
　和3年（ワ）997号　一部認容、一部棄却（控訴）　労判1308-78
梅光学院研究室設置事件（損害賠償請求事件）　**山口地下関支判令5・7・18**　令和3
　年（ワ）第127号　棄却（控訴）　労判1308-62
国立大学法人山形大学事件（不当労働行為救済命令取消請求控訴事件）　**仙台高判令**
　5・7・19　令和4年（行コ）第13号　認容（原判決取消）（上告、上告受理申立）
　労判1317-38
国立大学法人横浜国立大学事件（雇用契約上の地位確認等請求事件）　**横浜地判令6・**
　2・8　令和3年（ワ）第909号　棄却（控訴）　労判1315-47
慶應義塾無期転換事件（地位確認等請求事件）　**横浜地判令6・3・12**　令和4年
　（ワ）第1830号　棄却（控訴）　労判1317-5

Ⅳ　その他

教科書採択関係文書開示請求事件（行政文書不開示処分決定取消請求事件）　**奈良地**
　判令4・4・7　令和3年（行ウ）第5号　認容（確定）　判自509-11
幼保連携型認定こども園入園許可取消事件（損害賠償請求事件）　**大阪地判令4・5・**
　31　平成30年（ワ）第8645号　一部認容、一部棄却（控訴）　判時2597-41
小学校新築請負工事事件（損害賠償請求控訴事件）　**大阪高判令4・8・24**　令和3年
　（ネ）第2067号　公訴棄却（上告、上告受理申立）　判時2595-57
公立保育所幼児誤嚥事故事件（損害賠償請求事件）　**東京地判令4・10・26**　平成31
　年（ワ）第9089号　棄却（控訴）　判時2592-77
高等学校生徒募集停止事件（損害賠償請求控訴事件）　**大阪高判令4・10・28**　令和3
　年（ネ）第1908号　一部変更（上告、上告受理申立）　判時2594-81
幼稚園園児誤嚥窒息事故事件（損害賠償請求事件）　**さいたま地判令5・3・23**　平成
　30年（ワ）第1303号　一部認容、一部棄却（控訴）　判時2584-89
保育園園児アナフィラキシー症状発症事件（損害賠償請求事件）　**福岡地判令6・4・**
　26　令和4年（ワ）第3980号　一部認容（確定）　判タ1524-179

（文責・井上一洋）

──〔資料　教育法この1年（その3）〕──

教育法の研究動向

田中謙太・原北祥悟
鄭　修娟・渡辺暁彦

I　はじめに

　本年度は、昨年度に引き続き渡辺（法学）、原北（教育学）に加えて、法学の田中、教育学の鄭の4人体制で担当する。
　引き続き、①法律時報の回顧欄をそのまま引き継ぐものではないこと、②網羅的な紹介は行わないこと、③各項目とも教育学、法学から担当執筆者を決め両者の話し合いを通じて顕名で執筆すること、④総論の「学界動向」で執筆者の立場を反映させた学会総覧を執筆すること、を執筆方針とする。各項目については執筆者で議論を行っているが、文責は各担当者にある。

II　学界動向

　今期も、生成AIや教育DX（デジタル・トランスフォーメーション）について、そしてそれが子どもの権利にどのような影響を及ぼすかについて議論が活発に行われている。季刊教育法219号では「**教師の苦悩に迫る――ChatGPT、教育DX、教員の働き方はいかに**」と題した特集が組まれており、教育DXがもたらす教育への影響や課題、教職員のメンタルヘルス向上との関連が語られている。
　その他にも多くの論考が確認できる。**谷口聡「『データ駆動型の教育』と子どもの学ぶ権利」**季刊教育法220号86頁は、学校におけるデジタル環境整備がもたらす可能性を認めつつも、「学びの新たな画一化」「子どもと教職員の関係悪化」など、子どもの学ぶ権利の侵害にもつながりかねないことを指摘している。また、**藤村祐子「子どもの教育データと倫理的・法的・社会的課題（教育法学の課題第15回）」**季刊教育法222号46頁は、EdTechの普及に伴う子どものプライバシーの問題など「倫理的・法的・社会的課題」への対応として、米国の事例を参考に考察している。**木幡洋子「情報時代の教育人権」**憲法研究所・上田勝美編『二一世紀の平和憲法』（法律文化社）の論考も併せて確認しておきたい。**森口千弘「教育DX構想における教師の教育の自由についての一考察」**早稲田法学99巻3号545頁は、「個別最適化された教育」の実現に向けて、教師には「従来のような経験に基づいた指導」ではなく、エビデンス（統計データ）に基づいた子どもらに最適とみなされる教育を実現していく「伴走

者」の役割が求められるなかで、あらためて「教師の教育の自由」の憲法学的位置づけを検討しようとする意欲的な論稿である。

　教育領域における生成 AI の利用や教育 DX 等の「要求」は、近年、教員養成段階にまで影響を及ぼしている。だが、それが子ども一人ひとりを「資本」としてみなし、結果的に産業構造の再生産に貢献するものになっているのではないか、果たして「すべての子ども」の教育を受ける権利保障につながっているのかといった、原理的な部分を厳密に検討するとともに、そのような政策構想が教育界内外のいかなる背景・（権力）構造から生まれているのかをも的確に分析する必要がある。**日本教育政策学会企画／児美川孝一郎・横井敏郎編著『Society5.0 と揺らぐ公教育——現代日本の教育政策／統治』**（晃洋書房）は、このような学術的議論を積み重ねていくうえで、基本的な背景知識と現状、課題を把握するに参考となる書籍である。

　日本教育行政学会年報49号には、**「教育行政における秩序・権力・信頼の現代的変容」**をテーマとするフォーラムが組まれている。ここでは、近年の情報通信技術の利活用等が学校教育の在り方に影響しつつあることを踏まえ、企業や民間団体のさらなる影響力の拡大とそれに伴う権力構造の変化、さらに「個別最適化」という名の下で懸念される一部の児童生徒の排除や分断等の問題について言及されている。

（鄭　修娟）

Ⅲ　教育法総論

1　総論

　法学教室の連載「学校をホウガクする」が、**佐藤香代「スクールロイヤーには、どのような役割が期待されているか」**法教519号4頁をもって終了した。子どもの権利に関わる多くの裁判に参加した実務家でもある著者の著作集である**中川明『教育と少年司法を結んだ先にあるもの：子どもへの「寛容」を求めて』**（太郎次郎社エディタス）は、教育のみならず少年司法の現状に対する提言をも試みるものである。

　さて、改めて学問の自由や大学の自治への関心が高まっている（具体的な法制改革動向についてはⅣで後述する）。教育社会学研究114集が「学問の自由・大学の自治」を題に特集を組んでいる。**阿曾沼明裕「学問の自由の基盤を考える——科学者集団の役割を中心に」**同5頁では、大学という枠組みを超えた「科学者集団」の役割、その自律性の保障が学問の自由の基盤であることが論じられている。また、**丸山和昭「学問の自由と専門職の自律性——アメリカ大学教授連合（AAUP）の運動史に基づく一考察」**同27頁では、AAUP の運動史を事例に専門職と労働組合主義との密接な関係性について紹介され、幅広い大学教育職の包摂が志向されている点から日本への示唆が指摘されている。**村澤昌崇・中尾走・樊怡舟「大学教員の変容と市民社会の認識——調査データから論じる学問の自由・大学の自治」**同97頁では、大学の自治・

学問の自由を支える条件として「市民社会」との対峙・対話を真剣に意識することの必要性が論じられている。さらに、**小林信一「大学自治権喪失への途」**同49頁では、政府の学術会議会員任命拒否を機に大学の自治や学問の自由に対する「政治介入」が続き、それを止めることが非常に困難になっている昨今の状況について語られている。

季刊教育法219号では「**様変わりした大学教員の人事**」と題した特集が組まれており、大学教員に関する法制度や近年の大学教員人事に関する裁判動向等が紹介されている。ここでは、グローバル化や多様化という名の下で管理と統制を強める改革が教員間の階層化を促進させ、研究や教育に必要なアカデミック・フリーダムを失わせてきたことが指摘されている（石川多加子**「大学教員の組織、職種、任用に関する法制度」**同35頁）。このような改革は結果的に大学教員の研究者としての側面を軽視する傾向を生み出していると言える。関連して、大学評価学会年報19巻57頁では「**学び・大学・社会における学生の要求・運動・表現と青年期の発達保障——学ぶ権利の実質を保障しうる大学評価のあり方を探る（3）**」を題とする大会報告が行われており、実際に大学生たちとの対話を通じて議論を実施し、大学教育の目標として民主主義の深化への寄与といった側面が薄まっている現状に警鐘を鳴らしている。

小林哲夫「政治（運動）する子どもたち」現代思想2024年4月号184頁において、コロナ禍以降、大学生や高校生たちを中心に起きている様々な集会・デモ活動が紹介されている。昨年、米国で起きたイスラエル・パレスチナ情勢に対する大学生の反対デモをはじめ、日本国内では2023年11-12月に、首都圏教育問題ネットワーク（学生メーデー実行委員会）がSNS等を通じて国立大学法人法の改正に反対する緊急行動を呼びかけ、「稼げる大学」づくりに正面から反対・批判する動きを見せており、このような実践的な取り組みは、大学自治・学生自治を考えるうえで示唆に富む。

2　比較研究・比較法

ドイツ法を題材とした比較法研究として、コロナ禍における感染拡大防止のための対面授業の制限が子どもの学校教育への権利を制約するものであるとの判断を示したドイツ連邦憲法裁判所の「連邦緊急ブレーキ（Bundesnotbremse）決定Ⅱ」を詳細に分析する**棟久敬「ドイツにおける学校教育への権利」**秋田大学教育文化学部研究紀要79号93頁が挙げられる。また、**木戸裕・佐藤勝彦・寺倉憲一「高等教育のユニバーサル化と大学制度改革——ドイツの事例を通して」**ドイツ研究58巻85頁は、ドイツの大学改革に関して、①「複線型教育制度のもとでの大学改革」、②「デュアル・システムと専門大学（応用科学大学）」、③「ユニバーサル化時代と大学のガバナンス改革」という3つのテーマから論じる。

アメリカ法に関しては、ハーバード大学及びノースカロライナ大学におけるアファーマティブアクションを違憲としたStudents for Fair Admissions, Inc. v. President and Fellows of Harvard College, 600 U.S. 181（2023）に関する評釈として、**大林圭吾**「**大学入試において人種に基づくアファーマティブアクションを採用することが合衆国憲法修正 14 条の平等保護条項に違反するとした事例**」判時 2590 号 6 頁、及び**木村草太**「**アファーマティブアクションと平等権**」季刊教育法 219 号 54 頁がある。

その他に、**岡村志嘉子**「**愛国主義教育法の制定 中国**」ジュリスト 1594 号 89 頁は、2023 年 10 月 24 日に成立した中国の愛国主義教育法の制定経緯及びその内容について紹介する。同法に基づく愛国主義教育については、**日暮トモ子**「**習近平政権時代の愛国主義教育——愛国主義教育法の制定に着目して〈中国〉〈海外の学校〉**」季刊教育法 222 号 42 頁でも紹介されている。

比較教育学研究 69 号には「大学教育への学生参画の国際比較」という特集が組まれており、イギリス、フィンランド、スウェーデン、アメリカ、台湾の大学教育における学生参画や学生自治に関して紹介されている。このような海外の事例や研究動向の分析は、民主主義の危機とも言える世界共通の課題に対し、学問的にも実践的にもその糸口を提供するうえで示唆的である。

池田充裕「**シンガポールの就学前教育に関する政策動向——教育省立幼稚園の設置とその背景**」日本教育政策学会年報 31 巻 175 頁では、シンガポールにおける「ECEC（Early Childhood Education and Care）改革」の事例として教育省が直接経営する幼稚園（MOC 幼稚園）が登場した背景事情を説明している。また、**望月由美子**「**イタリアの教育政策動向——過去 30 年の移民政策との関わりから見る、学制・後期中等教育カリキュラム改革について**」同 182 頁では、「移民」をキーワードに 1990 年代以降、イタリアが進めてきた学制改革、カリキュラム改革の政策動向を紹介している。国際移民の増加については、子どもの権利保障の観点からも学術的議論を蓄積していく必要がある。

3　歴　史

安達和志「**教育法学の形成・発展と現在**」季刊教育法 222 号 6 頁は、これまでの教育法学の発展を総括するものである。また、今期も引き続き、『季刊教育法』誌上に「教育法学説の継承と革新」が掲載されている。**安藤聡彦**「**〈生きた法現象〉をとらえる——藤岡貞彦と教育法研究**」季刊教育法 219 号 96 頁、**仲田康一**「**特殊法学としての教育法学の確立者——兼子仁**」季刊教育法 220 号 81 頁などが掲載された。関連して、長年、本学会において多大な貢献をされてきた世取山洋介氏の遺稿著作集（『世取山洋介著作集』全三巻、旬報社）が刊行されたことを喜びたい。実践に裏づけられた子どもの権利論から教育財政の問題まで、著者の問題意識は多岐にわたるが、それらをいかに受けとめ発展的に継承していくかが問われよう。**小田直寿**『**家永三郎の思想史的研究——その生涯・学問・実践と「否定の論理」**』（日本評論社）では、家永の

思想の根幹にある「否定の論理」の探求が試みられている。また、大学当局による無断の授業録音を告発した教授が解雇されたいわゆる「明治学院大学事件」に関する裁判記録である寄川条路編『明治学院大学事件：決定版：授業盗聴と教科書検閲』（社会評論社）が出版された。

荒井英治郎「戦後私学行政制度の構想論議と私学行政所管問題――私学の自主性確保をめぐる制度的保障に着目して」教育学研究91巻3号356頁では、占領期の私学行政制度の構想論議において、私学関係者がいかなる課題認識の下で行政主体の所在の確定と行政組織の制度設計に関与したかを分析し、文部省や私学団体等による構想の特徴を説明し、各構想で制度的に保障しようとした「私学の自主性」の意味について論じている。

宮澤孝子『福祉国家型教育財政と教育条件整備行政組織――その理論と法制に関する歴史的研究』（エイデル研究所）は、戦前と戦後教育改革期において、すべての子どもの教育的必要に応じた条件整備とその制度運営に必要な費用に関する政策構想が真剣になされていた様相及びその構想が実現するに至らなかった過程を分析している歴史研究である。

小長井晶子「就学奨励構想をめぐる文部省と厚生省の政策的対立――1951年の義務教育就学奨励法構想をめぐって」日本教育行政学会年報49号106頁は、文部省と厚生省の一次資料を用いて1951年の義務教育就学奨励法構想の内容とそれをめぐる両省の政策的対立の論点について考察している。また、大沼春子「義務標準法における教員定数算定方式の成立背景に関する研究――文部省による「標準指導時数」の考案過程に着目して」同166頁は、義務標準法制定当時、標準定数として「必要な教員数」をいかに算出しようとしたのか、その考案過程を分析し、そこで残されている課題について指摘している。

（田中謙太・鄭　修娟）

Ⅳ　教育法制改革（初等・中等教育／高等教育）

1　就学前・初等中等

カリキュラム・オーバーロードという言葉とともに、しばしば「教育課程の内容の過多や子どもの負担」について語られる。学校の時数は、国の定める「標準時数」に則って決められるが、はたしてそれは子どもの生活に合っているのだろうか。これまで論じられることの少なかった標準時数に焦点をあてて、教育課程基準の問題点を論じるのが、大森直樹「2つのカリキュラム・オーバーロード論」公教育計画研究15号8頁である。この問題は、教育課程の編成に携わる教員だけに限らず、子どもや保護者にとっても大きく関わる。大森直樹編『学校の時数をどうするか』（明石書店）は、「標準時数と学習指導要領等の子どもへの影響をトータルにつかんで、現場から

の見解と対案を出」すことを試みている。

　教育の無償性をめぐる議論は社会的にも関心が高まりつつある。**福嶋尚子「公立小中学校における教育費政策の動向――教育の公費保障義務及び無償化義務の視点から」**日本教育政策学会年報 31 号 37 頁は、「無償化政策」を私費負担軽減のためではなく公費保障へと転換し、その内容も現物給付を中心とするものに変えていく必要があることを指摘している。また、**小入羽秀敬「私立高校就学支援金における県上乗せ補助の県間差の態様――2020 年の制度改正前後の比較分析」**同 23 頁は、文部科学省「都道府県別私立高校生への修学支援事業に関する調査」の 2018 年度版・2023 年度版を用いて、今後の私立高校の無償化について検討するための枠組みについて考察を行っている。

　他方で、フリースクールや夜間中学校、オルタナティブスクール等の言葉とともに多様な教育機会も確かに注目されるようになった。季刊教育法 221 号は「**不登校支援と教育機会の確保**」という特集を組んでいる。そのなかで、**喜多明人「『学びの多様化学校』へどう転換すべきか――3.31 通知＝COCOLO プランが目指す方向性を探る」**同 26 頁では、3.31 通知、COCOLO プランの内実を整理したうえで、「学びの多様化学校」の制度化過程を分析している。また、いわゆる「多様な教育機会確保法案」の意義やそれへの危惧を契機に立ち上がった RED 研究会の成果として**森直人・澤田稔・金子良事編著『「多様な教育機会」をつむぐ――ジレンマとともにある可能性』**（明石書店）や同編著**『「多様な教育機会」から問う――ジレンマを解きほぐすために』**（明石書店）が出版されている。

2　高等教育

　「国立大学法人法の一部を改正する法律」が成立した（施行は令和 6（2024）年 10 月）。同法は、「特定大学法人」に「運営方針会議」の設置を義務づけており、大学の自治を脅かすものではないかと懸念されてきたところである。**光本滋「国立大学法人法改正問題」**教育 2024 年 2 月号 69 頁は、「学部・学科等、教育・研究組織の改廃が個々の組織から学長以上に遠い、運営方針会議によって決定されることになれば、大学が研究・教育組織、すなわち学問の体制を自律的につくっていくことは現在以上に困難になる」と懸念を示す。その他、**松田浩「大学自治と学外者統治の間」**法学教室 526 号 45 頁、**徳本広孝「大学改革と大学の自治」**ジュリスト 1598 号 98 頁も批判的に検討を加える。

　このように、大学の自治が「政府の大学改革によって、厳しい試練を受けている」なかで、**齊藤芳浩『学問の自由の法理』**（法律文化社）は、従前の学説を批判的に検証し、「合理性があり説得的な学問の自由および大学の自治に関する憲法解釈理論」を提示しようと試みるもので、今後の研究の基礎となり得よう。

なお、先述の運営方針会議に関わって、運営方針委員は学長選考・監察会議との協議を経て、文部科学大臣の承認を得るものとされるが、それが政府の意向を忖度したものになりはしないか。こうした懸念は、日本学術会議の会員の任命拒否を想起させるに十分である。関連する論稿は少なくないが、さしあたり「**特集・日本学術会議問題**」法律時報95巻12号、**丹羽徹「日本学術会議が国の機関として設置されていることの意義」**法の科学55号124頁などを参照されたい。任命拒否をめぐるその後の状況について、**広渡清吾「学問の自由と日本学術会議会員任命拒否問題」**教育2024年2月号61頁、**和田肇「日本学術会議法人化の問題点」**法と民主主義586号46頁を挙げておく。

一方で、近時、理事長の関わる不祥事が相次ぐなど、私立大学のガバナンスのあり方が問われている。評議員会の機能強化等を図る改正私立学校法が2025年4月に施行されるが、改正法への対応に向けて関連文献が公刊されている。さしあたり、ここでは**尾崎安央ほか編『学校法人ガバナンスの現状と課題』**（日本評論社）を挙げておく。

諸外国の大学の自治をめぐる現状については、**松田浩「アメリカにおける大学協働統治の現況と課題」**IDE（現代の高等教育）2024年7月号32頁、**栗島智明「ドイツにおける学問の自由・大学の自治」**同47頁、**大場淳「フランスの大学自治」**同52頁が参考になる。

また、公立大学法人における教員人事事項に関わって、**山本真敬「公立大学法人における組織形成の裁量」**早稲田法学99巻3号625頁がある。

その他、高等教育における無償化をめぐる議論も蓄積されている。日本の教育政策が名実ともに人権としての高等教育の実現へ向かうものとなることを展望し、**光本滋「修学支援新制度の教育政策論的検討」**日本教育政策学会年報31号10頁は、修学支援新制度の功罪を踏まえ、高等教育における無償化政策の動向を整理し、無償性の高等教育を実現するための課題について考察している。他方、教育内容への改革の一環として初年次教育への関心が高まっている中、**鎌田健太郎「初年次教育の導入・改革は学生の学習を促進したか──国立総合大学における因果効果の検討」**教育学研究91巻1号1頁では、大学教育改革の一つである初年次教育を分析した結果、初年次教育は学習意識・行動に影響しておらず、初年次教育が低階層出身の学生を補償するような効果を持つことも確認できなかったと結論づけている。

最後に、大学入試に着目した研究として、**中村恵佑『大学入試の共通試験改革をめぐるポリティクス──「拒否権プレイヤー論」による政策過程分析』**（東京大学出版会）を挙げておく。共通試験政策は一定程度の政策安定性が求められるはずだが、なぜその改革が行われるのか「拒否権プレイヤー論」に立脚して検討している。

（原北祥悟・渡辺暁彦）

V 子どもの権利・人権

1 子どもの権利

2023年4月のこども基本法施行から1年を迎えたことを受けた論考が見られた。**鳶咲子「『こども基本法』から1年 何が変わったのか——『こども大綱』の課題」**季刊教育法220号16頁は、こども基本法及びこども大綱の制定経緯とその内容を確認した上で、これらが抱える課題について指摘する。さらに、**川村百合「こども基本法と子どもの人権保障の現状——子どもの代理人弁護士の必要性を中心に」**法律実務研究39号105頁は、いくつかの実例に触れながら国費によって弁護士が子どもの代理人として活用することの必要性・意義を論じる。

また、季刊教育法220号では「子どもの権利条約日本批准30周年」と題する特集が組まれ、**荒牧重人「子ども権利条約と日本の教育法」**同6頁において、我が国における教育法の進展と子どもの権利条約の影響を総括しているほか、**広井多鶴子「子どもの権利と親権改革——児童虐待防止法と子どもの権利条約」**同32頁は、子どもの権利条約批准を契機に進められてきた親権改革の背景とその影響について論じている。子どもの権利条約との関係では、国際人権34号に名古屋市の幼稚園の「日照権」を巡る訴訟について、**川口創「子どもの権利条約を法廷でどう活用するか——名古屋教会幼稚園おひさま訴訟判決から」**同58頁、**大谷美紀子「名古屋日照権訴訟判決の研究——子どもの権利条約の視点から」**同62頁が掲載されている。

現代思想2024年4月号では、「子どもを考える」と題した特集が組まれており、大人と子どもの関係からみる教育の可能性と限界、自己責任論と不公正の問題など、幅広い観点から「子ども」について考察されている。特に、親権改革が本格化している現状を踏まえ、子どもの「利益」と共同親権の問題について検討がなされており（**木村草太「非婚・離婚後の共同親権と子の利益」**同53頁）、さらに、2024年4月から改正された民法772条（摘出推定規定）について、「無戸籍児・無戸籍者の解消」に向けての課題についても言及されている（**井戸まさえ「一二六年ぶりの民法改正で無戸籍の子ども問題は解消されるのか？それでも『離婚後三〇〇日ルールが残る理由』」**同60頁）。

校則の問題について、**遠藤美奈「校則——排除しないルールへ」**法学教室518号4頁は、理不尽な校則が子どもの学習機会からの「排除」ひいては「社会的排除」につながる問題性を孕むことを指摘し、その見直しのプロセスに子ども達自身が対話の相手方として包摂されることの意義を説く。**宮澤孝子「学校給食と子どもの権利」**季刊教育法218号88頁は、学校給食の持つ意義について子どもの権利保障という観点から検討し、目下進められている学校給食費無償化は子どもの人格発達という教育目的を達成し得るものでなければならないことを論じる。

2　特別なニーズを持つ子ども

　2022 年 9 月に国連障害者権利委員会から発出された総括所見を受けて、本年もインクルーシブ教育を含めた障害者教育のあり方に関する論考が多く見られた。**織原保尚「日本における障害のある子どもに対する教育の現状と法制度」**同志社法学 75 巻 4 号 431 頁は、我が国における障害者教育に関する近年の法改正や裁判例を踏まえて、日本におけるインクルーシブ教育の実現への道のりは未だ遠いと評価する。**丸山啓史「障害者権利委員会の総括所見と学校教育の課題」**季刊教育法 219 号 102 頁は、特別支援学校・学級に属する児童が急増しているという日本の学校教育の実態を踏まえて総括所見を受け止めるべきとしつつ、日本障害フォーラム（JDF）が求めていない「特別な場」の解消をも求める国連勧告には「危うい面」があると指摘する。**小池洋平・今井健太郎「教育を受ける権利――憲法 26 条、学習権、特別支援教育、インクルーシブ教育」**岡田順太ほか編『障害のある人が出会う人権問題』（成文堂）は、教育を受ける権利や子どもの権利条約といった障害を持つ児童の学習権に関わる基本的概念を解説しつつ、インクルーシブ教育の位置づけを踏まえて子どもの就学先の選択に関する議論を促す。医療的ケアを要する子どもに対する合理的配慮が争われた事例を題材として、**村山佳代「教育における合理的配慮の権利性と判断基準」**障害法 7 号 169 頁が、合理的配慮の権利性と判断基準について考察している。

　この分野に関する外国法研究としては、**尾下悠希「アメリカの障害者教育法（IDEA）と差別禁止法――前尽性要件の射程と両者の実体的相違」**障害法 7 号 137 頁が、障害のある子どもの教育に関わる連邦法である障害者教育法（IDEA）と障害を持つアメリカ人法（ADA）第 2 編及びリハビリテーション法 §504 の間の実態的相違について、IDEA の前尽性要件に関する連邦最高裁判決の検討を通じて明らかにすることを試みている。他に IDEA が関連する連邦最高裁判例の外観を通じて同法における障害のある子どもの教育を受ける権利の扱いを明らかにするものとして、**織原保尚「アメリカ障害者教育法と障害のある子どもの教育を受ける権利」**別府大学紀要 65 巻 15 頁がある。**内藤識「障害者権利条約の求めるインクルーシブ教育実現に向けたデンマークを参考とした法制度」**季刊教育法 219 号 66 頁は、障害者権利条約への対応についてデンマークにおける法改正を参照する。

　外国にルーツを持つ子どもの学習の問題について論じるものとして、**渡辺暁彦「外国人の子どもの学びと外国人学校の法的位置づけ」**吉田仁美編『グローバル時代の人権保障』（晃洋書房）105 頁を挙げておく。

　また、学齢期に就学できなかった人々が学び直す機会を保障することも重要である。そうした人々の受け皿となるのが夜間中学である。**横関理恵「日本の義務教育制度における補償教育と夜間中学」**教育制度学研究 31 号 64 頁は、2006 年の日弁連の「意見書」に焦点をあて、その成立の経緯と「意見書」を国に提出するまでの経過を整理

するとともに、2016 年の教育機会確保法に与えた影響を考察する。

3　その他

2024 年 1 月、奈良教育大学附属小学校において「不適切授業」が実施されたとの報道がなされた。この問題は、教師の教育の自由、子どもの学習権の保障、学習指導要領の法的拘束力等、教育法学が突き詰めてきた研究課題とも深くかかわる出来事であると言える。関連して、**山下晃一「現代の学校と教員をめぐる自律性と「秩序」問題──奈良教育大学附属小学校問題の予備的考察」**季刊教育法 222 号 20 頁では、同事案がメディアに報じられた時点からの展開を概観したうえで、そこから同事案に関する議論の特徴と課題を検討し、現代の学校と教育をめぐる「自律性」と「秩序」の関係について検討している。あわせて、**本田伊克「奈良教育大学附属小学校問題で問われる学習指導要領の法的根拠」**教育 2024 年 4 月号 98 頁も参照されたい。

コロナ禍以降、「登校」の自明視が問われており、不登校の児童生徒は増加し続いている。不登校支援をめぐっては、公教育制度＝学校という枠組みから脱皮し、「すべての」子どもの学ぶ権利を保障するための具体的な条件整備に関する議論が不可欠である。季刊教育法 221 号では、**「不登校支援と教育機会の確保」**を題とした特集が組まれており、研究者と実践者からの提案がなされている。特に、**福島賢二「教育機会確保法における不登校支援──〈生ける法〉のために」**同 18 頁は、教育機会を確保することから、それを実質的に「保障」すること（学習者にとって「受けるに値するもの」になっていること）への発想の転換が必要であると述べており、「当事者」をベースとした「個別的かつ柔軟で可塑性」のある法の運用を強調している。

いじめ問題について、**中富公一「いじめ防止対策推進法のいじめ概念について──旭川いじめ事件調査報告書を読む」**法学セミナー69 巻 7 号 42 頁は、旭川市での女子中学生へのいじめに関する調査報告書を題材に、同報告書で用いられるいじめ概念の整理を試みた上でその限界を指摘し、少なくとも 3 つのレベルのいじめ概念を用意して各レベルに応じた対処を求めている。いじめ被害を訴えた学生に対する教諭の対応が問題となった事例について紹介するものとして**村元宏行「いじめ被害を訴えた生徒への衛生指導の適法性」**季刊教育法 218 号 114 頁がある。**大島佳代子「中学校教諭による生徒の髪切り行為についての国家賠償請求事件」**同 120 頁は、同じ事件につき、衛生指導として行われた教諭による髪切り行為の違法性に関する判示を特に取り上げる。

教育の充実・無償化に関わって、**橋本一雄「教育の充実・無償化と憲法改正」**憲法研究所・上田勝美編・前掲書は、最近の改憲論を取り上げ、「教育の無償化によって国家による教育の統制を強める契機となる側面を否定することはできない」と論じる。学校給食の無償化については、**福嶋尚子「給食費無償化はなぜ必要か？」**世界 2024

年2月号172頁が権利保障としての給食のあり方を提起する。

社会教育学の領域では、子どもにとどまらない「住民の学習権」保障に関する議論がなされており、その実践的・自主的な取り組みの様相から、権利保障の可能性・課題を探っている（**長岡智寿子**「**学習権保障と社会教育—自主夜間中学における「実践」から（2023年度大会報告）**」社会教育学研究60号71頁）。

（田中謙太・鄭　修娟）

VI　教員（待遇・専門性）

1　教員不足

学校現場の『教員不足』の深刻な状況が報じられる。そもそも「何をもって教員不足とみなすのかという定義自体の難しさ」もあり、「危機感だけが共有されるにとどまり、混沌としている」状況にあるなかで、**原北祥悟**「**教員不足対応の動向と教員制度への影響**」教育制度学研究31号232頁は、文部科学省の教員不足への対応やその傾向を示しつつ、それが教員制度へ及ぼす影響について論点整理を行っている。

「教員不足」が指摘されるなか、教員志望者の減少のみならず、目下懸念されているのが非正規教員の不足であろう。こうした現状を指摘するのが、**山﨑洋介**「**公立中学校における非正規教職員の現状と課題**」日本の科学者59巻8号23頁である。

2　教員の長時間労働

教員の働き方改革をめぐる議論も依然として喧しい。かねてより長時間労働の要因の一つに挙げられていた給特法については、「廃止」を求める声も強いが、「教職調整額」を引き上げる方向で、2025年の通常国会に法案が提出される見込みである。**中嶋哲彦・広田照幸編**『**教員の長時間勤務問題をどうする？**』（世織書房）は、「研究の世界からの提案」として、教員の長時間労働の抜本的見直しに向けた具体的な提案を行う。**広田照幸**「**調整額10%では問題は片付かない（緊急論考）**」季刊教育法221号50頁は、教員の定数を増やすことが長時間労働の解消には必要であるとの前提の上で、中教審による「教職調整額10%」策の問題点を指摘するものである。**山﨑洋介**「**公立小中学校非正規教職員に関する考察——法制度的類型と量的動向**」教育学研究90巻3号40頁は、今なお社会的関心の低い教員の非正規化問題に焦点を当て、その問題性とともにいわゆる非正規教員の法制度的類型に取り組んでいる。また、**伊勢本大**「**中学教師の休職過程——物語的構成によるライフストーリー**」教育学研究90巻3号53頁は、中学教師が休職へと至る過程とその経験に焦点を当てることで、教師の働き方を検討するための一つの視点を提供しており、教育法学にとっても示唆的である。

近時の裁判動向については、**朝田とも子**「**公立学校教育職員の長時間労働をめぐる判例変遷と課題**」法学新報130巻7・8号179頁が給特法制定前の判例と制定後の判

例を検討する。

　給特法改正をめぐっては、「教職調整額」の問題にばかり目が行きがちであるが、**髙橋哲「給特法改正論の盲点」**日本の科学者 59 巻 8 号 4 頁が指摘する「新たな職」の導入なども、そのことで「評価を通じた教員管理の全国化」につながるとすれば看過しえない問題であろう。**西野倫世『現代アメリカにみる「教師の効果」測定——学力テスト活用による伸長度評価の生成と功罪』**（学文社）は、子どもの学習権保障を出発点として教師の効果（teacher effectiveness）測定をめぐる動向に着目し、教師の効果の内実や効果を測ることをめぐる問いを検討している。教職のあるべき姿を法的に接近していく上で欠かせない視点を提供している。

3　わいせつ教員をめぐる問題

　2021 年に成立した「児童生徒性暴力防止法」の附帯決議の趣旨をふまえ、2024 年 6 月、いわゆる日本版 DBS 法（こども性暴力防止法）が成立した。この法律は、学校や幼稚園等に対して、教員や教育保育等従事者などの犯罪事実確認や職員研修などを義務づけるもので、広く学校設置者および民間教育保育等事業者に与える影響も少なくない。法整備に関する論稿として、**伊藤翔紀「こどもの性被害防止に向けて」**立法と調査 469 号 96 頁、**石塚伸一「刑事法学からみた日本版 DBS」**法律時報 96 巻 6 号 1 頁、**高平奇恵「日本版 DBS の課題と展望」**法学セミナー 830 号 52 頁などがある。また、同法成立前の論稿であるが、教員の採用関係時の処分歴記載などのあり方を論じたものとして、**矢野恵美「教員によるわいせつ行為等の懲戒処分歴と賞罰欄への記載要求について」**琉大法學 109 号 1 頁を挙げておく。

　　　　　　　　　　　　　　　　　　　　　　　　（原北祥悟・渡辺暁彦）

〔学会記事１〕
第 54 回定期総会の開催について

2024 年 5 月 25 日（土）から 26 日（日）にかけて、獨協大学において、以下の通り、開催された。

期　　日　　2024 年 5 月 25 日（土）～5 月 26 日（日）
会　　場　　獨協大学・西棟（創立 50 周年記念館）
全体テーマ　「子どもの権利条約批准 30 年と教育法学の課題」

第 1 日
自由研究発表
事務総会
研究総会
　山本由美（和光大学）「教育学から見た子どもの権利条約 30 年――子どもの意見表明権に着目して――」
　野村武司（東京経済大学）「法律学から見た子どもの権利条約 30 年――地方自治体での取り組みを中心に――」

第 2 日
第 1 分科会　「教師の専門職性と教員不足」
　佐々木幸寿（東京学芸大学）「教員養成の構造転換に向けて」
　原北祥悟（崇城大学）「教育法からみた教員不足問題の射程」
第 2 分科会　「大学法制の変容と学問の自由・大学の自治」
　石川多加子（金沢大学）「国立大学法人と学問の自由、大学の自治――研究者の独立を基軸に――」
　高津芳則（大阪経済大学）「再考：私立大学における学問の自由・大学の自治」
公開シンポジウム　「子どもの権利条約からみた子ども・学校の現実――不登校・いじめ・子どもの権利救済――」
　石井拓児（名古屋大学）「子どもの権利条約批准 30 年と教育法制度構造の質的変容」
　間宮静香（弁護士、名古屋市子どもの権利擁護委員、瀬戸市子どもの権利擁護委員代表擁護委員）「子どもの相談救済機関の現状と子どもの権利を基盤とした相談対応」
　熊谷直樹（元新潟県公立定時制高校教師、登校拒否・不登校問題全国連絡会運営世話人）「不登校・登校拒否問題――学校で地域で何が出来るのか、何が出来ないのか――」

〔学会記事2〕

事務総会報告

　第54回定期総会は、2024年5月25日（土）13時30分から、獨協大学　西棟（創立50周年記念館）で、元兼正浩、横田光平両理事の司会により、開催された。冒頭、開催校の鈴木淳一副学長（法学部教授）および安達和志会長より挨拶があった。

　1　学会活動
　(1)　理事会・事務局会議
　丹羽事務局長より、2023年度理事会の活動内容についての報告がなされた。今年度は例年通り2回の理事会が開催された。今期第5回の理事会は11月5日に名古屋大学教育学部（オンライン併用）で開催され、第54回定期総会の企画内容についての審議がなされた（具体的内容は〔学会記事1〕）。
　第6回理事会は、2024年5月24日（金）に獨協大学（オンライン併用）で開催され、第54回定期総会の準備状況が報告された。秋季研究集会について、諸般の事情で開催が遅れていることが報告され、引き続き開催を追求することが確認された。
　事務局会議は、計7回開催された。事務局では名簿の管理、会費請求・出納事務、ウェブサイトの更新、学会ニュース（151号～153号）の企画・発行を行った。また、自治体からのいじめ問題に関する第三者委員会委員推薦依頼に対応した。
　(2)　年報編集委員会
　今野健一年報編集委員長より、学会年報53号「学習権保障と教育行政の変容」が3月末に刊行できたことが報告された。
　(3)　研究特別委員会
　①　新教育基本法法制研究特別委員会
　丹羽徹同特別研究委員会事務局長からこの間の報告があった。
　②　学校安全と子どもの人権に関する研究特別委員会
　堀井雅道同特別研究委員会事務局長からこの間の報告があった。
　以上(1)～(3)について承認された。

　2　2023年度決算および2024年度予算
　寺川史朗理事より、2023年度決算案および会計監査報告、2024年度予算案が提案され、審議の結果承認された。

　3　監事の選任
　小林正直会員（元神奈川県立高校教員）を監事に選任した。

〔学会記事３〕

役 員 名 簿

（理事：2023 年 6 月 3 日選任）

［会長］
安達　和志（神奈川大学名誉教授）

［理事］（50 音順、◎事務局長、○事務局担当理事）
　安達　和志（神奈川大学名誉教授）　　荒井　文昭（東京都立大学）
　荒牧　重人（山梨学院大学）　　　　○石井　拓児（名古屋大学）
　植野妙実子（中央大学名誉教授）　　　内野　正幸（中央大学名誉教授）
○大島佳代子（同志社大学）　　　　　　勝野　正章（東京大学）
　小泉　広子（桜美林大学）　　　　　　今野　健一（山形大学）
　斎藤　一久（明治大学）　　　　　　○高橋　哲（大阪大学）
　谷口　聡（中央学院大学）　　　　　　坪井　節子（坪井法律事務所）
○寺川　史朗（龍谷大学）　　　　　　　中川　律（埼玉大学）
　中嶋　哲彦（愛知工業大学）　　　　◎丹羽　徹（龍谷大学）
　廣澤　明（明治大学名誉教授）　　　○堀井　雅道（国士舘大学）
○光本　滋（北海道大学）　　　　　　　村山　裕（東京中央法律事務所）
　元兼　正浩（九州大学）　　　　　　○森　浩寿（大東文化大学）
　安原　陽平（獨協大学）　　　　　　○山岸　利次（長崎大学）
　山本　由美（和光大学）　　　　　　　横田　光平（同志社大学）
　世取山洋介（新潟大学）
（2021 年 11 月逝去）

［監事］
　角南　和子（弁護士）　　　　　　　　小林　正直（元神奈川県立高校教員）

〔学会記事４〕

学会事務局等の構成

[学会事務局]
- ○事務局長　　　丹羽　徹（龍谷大学）
- ○事務局担当理事　石井　拓児（名古屋大学）　　大島佳代子（同志社大学）
  - 高橋　哲（埼玉大学）　　寺川　史朗（龍谷大学）
  - 堀井　雅道（国士舘大学）　森　浩寿（大東文化大学）
  - 山岸　利次（長崎大学）
- ○書　　記　　　葛西　耕介（東洋大学）　　堀口　悟郎（岡山大学）
  - 宮澤　孝子（宮城教育大学）　森口　千弘（熊本学園大学）
- ○書記局員　　　原北　祥悟（崇城大学）　　清遠　彩華（埼玉県立学校）
- ○事務局の所在　〒612-8577　京都府京都市伏見区深草塚本町 67
  - 龍谷大学法学部　丹羽徹研究室気付　TEL 075-645-5667

[年報編集委員会]
- ○委　員　長　　今野　健一（山形大学）
- ○委　　員　　　植野妙実子（中央大学名誉教授）　勝野　正章（東京大学）
  - 中川　律（埼玉大学）　　光本　滋（北海道大学）
  - 山岸　利次（長崎大学）

[年報編集幹事会]
- ○幹　事　長　　堀井　雅道（国士舘大学）
- ○欧文要旨担当　葛西　耕介（東洋大学）
- ○幹　　事　　　小池　洋平（信州大学）　　小林　和記（韮崎市役所）
  - 松村　好恵（茨城大学）　　村元　宏行（活水女子大学）
  - 山沢　智樹（岩手県立大学）

[新教育基本法法制研究特別委員会]（2023-2024 年）
- ○委　員　長　　安達　和志（神奈川大学）
- ○事務局長　　　丹羽　徹（龍谷大学）

[学校安全と子どもの人権に関する研究特別委員会]（2023-2024 年）
- ○委　員　長　　森　浩寿（大東文化大学）
- ○事務局長　　　堀井　雅道（国士舘大学）

日本教育法学会会則

第1条（名称）　本学会は、日本教育法学会（Japan Education Law Association）と称する。
第2条（事務局の所在）　本学会の事務所は、京都府京都市伏見区深草塚本町67　龍谷大学法学部丹羽徹研究室に置く。
第3条（目的）　本学会は、教育法に関する研究を推進し、それにより国民の「教育を受ける権利」の保障に貢献するとともに、教育学界と法学界との相互協力を促進することを目的とする。
第4条（事業）　本学会は、前条の目的を達成するため、教育法研究者相互の連絡と協力、研究発表、内外の関係学界との交流、その他理事会が必要と認めた事業を行う。
第5条（会員）　①本学会の会員は、教育法学の研究その他教育法に関連する研究に強い関心を有する者とする。
②会員になろうとする者は、会員2名以上の推薦をうけて理事または事務局に申込み、理事会の承認をうけるものとする。
第6条（会費）　①会員は、総会の定めるところに従い、会費を納めなければならない。
②会費を滞納した会員は、理事会において、退会したものとみなされることがある。
第7条（機関）　①本学会の役員は、会長1名および総会の定めるところによる理事若干名ならびに監事若干名とする。
②本学会の事務局は、事務局長および若干名の事務局担当理事ならびに若干名の書記によって構成される。
第8条（役員等の選任）　①会長、理事および監事は、総会において会員の中から選出される。当該選出については、別に定める。
②会長の任期は2年とし、理事および監事の任期は4年とする。但し、いずれも再任を妨げない。
③理事会は、理事の中から事務局長および事務局担当理事を定め、総会の承認をうける。また、理事会は必要に応じ各種の委員を委嘱することができる。
④事務局長および事務局担当理事の任期は2年とする。但し、いずれも再任を妨げない。
⑤事務局長は、事務局書記を選定し、理事会の承認をうける。
第9条（役員の任務）　①会長は、本学会を代表し、理事会を主宰する。
②理事は、理事会を組織し、本学会の事業を企画し執行する。
③監事は、会計および事業状況を監査する。
第10条（総会）　①総会は会員をもって構成し、本学会の組織および運営に関する基本的事項を審議決定する。
②定期総会は、毎年1回、会長によって招集される。
③会長は理事会が必要と認めたとき、または会員30名以上が総会の権限に属する事項を示して要求したときは、臨時総会を招集しなければならない。
第11条（総会における議決権の委任）　総会に出席しない会員は、理事会の定める書面により、他の出席会員にその議決権の行使を委任することができる。
第12条（会則の改正）　本会則の改正には、総会において出席会員の3分の2以上の賛成を必要とする。

附　則
① 　本会則は1970年8月27日より施行する。
② 　第5条第1項に該当する者が、創立総会に際し入会を申込んだ場合には、同条第2項にかかわらず、会員とする。
③ 　第8条第3項にかかわらず、運営委員会は、創立総会の委任に基づき、当初の事務局員を選定する。
（略）
　　附　則
この会則は2022年6月4日から施行する。

日本教育法学会年報投稿論文審査要綱

（2006年5月26日理事会制定）
（2012年5月25日理事会改正）
（2021年6月4日理事会改正）
（2023年6月2日理事会改正）

第1条（目的）　本要綱は、日本教育法学会年報（以下、「年報」という。）への論文の投稿、審査および掲載に関して必要な事項を定めることを目的とする。

第2条（投稿資格および方法）　①次の各号のいずれにも該当する者は、年報に論文を投稿することができる。投稿する論文（以下、「投稿論文」という。）が共著である場合には、共著者のいずれもが投稿資格を有する者でなければならない。
（1）　本学会の会員で、論文を投稿する年度（以下、「当該年度」という。）の会費を納入している者であること
（2）　当該年度またはその前年度に開催された本学会の定期総会において自由研究発表を行い、かつ投稿論文がその発表内容に基づくものであること（ただし、1つの自由研究発表について、投稿の機会は1回限りとする。）
（3）　投稿論文が、他の刊行物に発表されたものでなく、かつ他の刊行物に併行投稿しているものでないこと
②　投稿論文の執筆および提出は、年報編集委員会（以下、「委員会」という。）が別に定める「日本教育法学会年報論文等執筆要領」および「日本教育法学会年報投稿論文提出要領」によるものとする。

第3条（投稿論文の掲載数の上限）　年報に掲載する投稿論文数は、当該年度において掲載可とされた投稿論文2篇をもって上限とする。

第4条（投稿論文の査読者評価および委員会審査）　①投稿論文の年報への掲載の可否は、第5条および第6条に定める査読者評価ならびに第7条に定める委員会審査により決するものとする。
②　前項の査読者評価および委員会審査は、執筆者の氏名を伏せて行う。

第5条（査読者の選任）　①委員会は、各投稿論文につき3名の査読者を選任するものとする。
②　査読者は、当該投稿論文のテーマ、内容等を勘案し、本学会の会員の中から選任する。
③　査読者の氏名は公表しない。

第6条（投稿論文の査読者評価）　①査読者は、各々投稿論文を査読して評価を行い、評価

結果およびその理由を「投稿論文評価報告書」に記載して委員会に提出しなければならない。
② 前項の評価は、次の各号のいずれかにより行うものとする。
　A　掲載可
　B　若干の修正が必要
　C　掲載不可
第7条（投稿論文の委員会審査）①委員会は、「投稿論文評価報告書」に基づき、投稿論文の掲載の可否につき審査を行うものとする。
② 前項の審査の結果は、次の各号のいずれかにより示すものとする。
　A　掲載可
　B　修正条件付掲載可
　C　掲載不可
③ 委員会は、「掲載可」とした投稿論文の執筆者に、審査結果を記載した「投稿論文審査通知書」を送付し、「掲載不可」とした投稿論文の執筆者に、審査結果およびその理由を記載した「投稿論文審査通知書」を送付しなければならない。
④ 委員会は、「修正条件付掲載可」とした投稿論文の執筆者に、審査結果およびその理由を記載した「投稿論文審査通知書」ならびに「修正条件書」を送付しなければならない。
第8条（修正済み論文の審査）①「修正条件付掲載可」とされた投稿論文の執筆者は、修正済み論文（以下、「修正論文」という。）を所定の期限内に提出することができる。
② 委員会は、提出された修正論文につき、所要の修正が加えられているか否かを審査し、掲載の可否を決するものとする。
③ 委員会は、前項の審査結果およびその理由を記載した「修正論文審査通知書」を執筆者に送付しなければならない。
第9条（掲載可とされた論文の執筆者等の公表）　掲載可とされた論文については、学会ニュースにおいて執筆者名および題目を公表する。
第10条（著作権）　掲載された投稿論文の著作権は、日本教育法学会に帰属する。
　附　則
　この要綱は、制定の日から施行する。
　(略)
　附　則
　この要綱は、2023年6月2日から施行する。

◇編集後記◇

　日本教育法学会年報第 54 号が刊行された。本号は、2024 年 5 月 25 日・26 日に獨協大学を会場に対面方式で開催された、本学会第 54 回定期総会の記録を主たる内容としている。

　第 54 回総会では「子どもの権利条約批准 30 年と教育法学の課題」というテーマ設定の下、子どもの権利条約および子どもの権利研究に関する教育法学の理論的・実践的な到達水準を確認しつつ、子どもの権利の実効的保障にかかる多くの課題を仔細に検討しようとする試みが、緻密な諸報告として提示された。

　研究総会の 2 つの報告は、教育学と法律学のそれぞれの観点から、こども基本法の制定に至った近時の立法政策を踏まえ、子どもの権利条約の要諦たる子どもの意見表明権の理念と構造を精査しつつ、自治体レベルの子ども施策に潜む多くの問題点を究明しようとするものである。また、分科会報告では、第 1 分科会で、近年ようやく注目されるようになった、教員の養成と処遇をめぐる深刻な問題状況を背景に、教育専門職たる教員の養成のありようと将来展望が、また、教育条件整備法と教員免許制度を接続させつつ教員不足問題を構造的に把握する必要性が論じられた。第 2 分科会では、学問の自由・大学の自治という憲法の規範的価値を改めて見つめ直すことで、国立大学・私立大学のそれぞれが置かれている困難な現況と諸問題を浮き彫りにする報告が行われた。

　そのほか、公開シンポジウムの記録として、「子どもの権利条約からみた子ども・学校の現実」という統一テーマの下で行われた 3 本の報告を収録している。

　本学会には査読審査に基づく論文投稿の制度があるが、昨年度に引き続き、今回も応募がなかった。自由研究発表と投稿論文制度の意義に照らし、特に若手研究者のみなさんの意欲的な投稿を期待したい。また、常設欄である「資料 教育法この一年」において継続中の「教育法の研究動向」についても、ぜひご一読願いたい。

（年報編集委員会委員長　今野健一）

《*Keynote Speeches*》

30 Years since the Ratification of the Convention on the Rights of the Child: Focusing on Children's Right to Express their Opinions

Yumi YAMAMOTO
Wako University

It has been 30 years since the Japanese government ratified the Convention on the Rights of the Child. This paper aims to clarify the status of the Japanese government's acceptance of this Convention, especially from the perspective of children's right to express their opinions. There are two interpretations of this right, i.e. children's right to self-decision making and relational right between children and adults. Japanese government, and the Ministry of Education consistently rejected this right as a child's self-decision-making right. They advocated that it was not necessary to amend domestic laws, and have neglected their public relations obligations. The amendment of the Fundamental Law in 2006 and the publication of the Student Guidance Guidelines from 2010 were steps against the realization of relational children's rights. However, the Basic Act on the Child and the Act for Establishment of the children and Family Agency were enacted in 2022. The Basic Act on the Child has provisions corresponding to the four general principles of the Convention, and expressly sets forth the inclusion of opinions of children. There is criticism that the content of this law is insufficient because of taking up only a few children's rights. But the Law opened the door to new procedure that facilitates children's right to express their opinions. The law requires the national and local governments to reflect the voices of children in the formulation, adjustment, and evaluation of child-related policies. For Example, in the cases of the school closures and the consolidations, junior high school students try to express their opinions as a party involved to protect their schools. They have submitted petitions to the city council and expressed their opinions to the mayor, the prefectural governor, and officials of the Ministry of Education.

30 years of Implementation of the Convention the Rights of the Child: Focusing on Local Government initiatives

Takeshi NOMURA
Tokyo Keizai University

 30 years have passed since Japan ratified the Convention on the Rights of the Child (CRC). With the entry into force of the Basic Act on Children in 2023, Japan managed to get the recommendations by the UN Committee on the Rights of the Child into shape, proceeding to "the starting line" of the protection and promotion of children's rights on legal and institutional basis. In this paper, I examined the status quo of the protection and promotion of children's rights in Japan, in the light of the current level of the discussion of children's rights and focusing on local autonomy.

 First, I indicated the importance of the fundamental understanding of the rights of the child and examined Article 12 of the CRC as the right of fundamental importance. Second, I pointed out that local autonomy is significant in the legal system in Japan in order to ensure the comprehensive promotion of the measures aiming at the protection and promotion of children's rights, and that it is essential to adopt local ordinances on children's rights as a legal basis for the purpose. Existing local ordinances on children's rights provide children's rights, child participation, evaluation and review of the measures taken for children as well as such mechanisms as ombudsmen for children. In this way I have overviewed the present level of local autonomy with regard to the protection and promotion of children's rights.

《*Sessions*》

Towards a Structural Transformation of Teacher Training: The Limits of the Talent Pool System and the Perspective of Reforming the Teacher Training System

Koju SASAKI
Tokyo Gakugei University

 The "teacher shortage" is currently the most important issue in education policy. The problem of securing teachers quantitatively is understood as a "supply and demand problem" of teachers, and policies should be planned and developed based on

EBPM.

The meaning of "teacher shortage" today is diverse, including potential, manifest, actual, and spot levels. I consider the problem of "teacher shortage" by focusing on the decline in the ratio of applicants to positions for teacher recruitment exams. In elementary schools, where the "teacher shortage" is said to be particularly serious, the number of new graduates taking the exam has not decreased. Since elementary school course certification is established with the main purpose of teacher training, it is thought that this reflects the clear course certification specific to elementary schools, where aspiring teachers are clearly seen. In elementary schools, as the number of new graduates taking the exams has basically remained constant, it can be seen that the fundamental problem is not a decrease in new graduates but rather the system for adjusting supply and demand that relies on the pool of graduates.

The biggest point regarding the "teacher shortage" is whether the supply-demand gap is a temporary "situational" problem, or a "structural" problem that cannot be resolved by fluctuations in supply and demand. If we consider both the demand and supply sides comprehensively, a serious teacher shortage is in the medium to long term likely to occur reflecting the declining population. In addition, the licensing system also needs to be restructured as a "structural" response to secure teaching personnel.

Looking at the outlook for teacher supply and demand in a society with a rapidly declining population, it is highly likely that the current supply-demand adjustment that relies on the "talent pool system" will no longer function. There is concern that the current teacher system will soon reach its limits. Here, we need to reaffirm the significance of a training system whose main purpose is teacher training. In the future, in order to respond to the structural supply-demand problem of teachers, it seems that the important issue will be how to remake the relationship between openness and purposeful training into a next-generation model.

The Scope of the Teacher Shortage Problem from the Perspective of Education Law

Shogo HARAKITA
Sojo University

This paper explores how Education Law can approach the problem of teacher shortages. In particular, the paper will focus on how the research on the improvement of educational conditions that has been conducted in Education Law can be linked to the concept of a teacher licensing system that should exist.

First, the author argued that previous studies on teacher shortages have identified teacher shortages in terms of "quantity". Then, the author considered the current situation in which classes must be taught by teachers other than those in charge of the subject due to the teacher shortage as a "qualitative" teacher shortage, and pointed out that the teacher shortage situation differs for each subject in junior high schools and high schools.

Next, this paper summarized the trends in the discussion of previous studies on the development of educational conditions. The results showed that there, the issue of the number and assignment of teachers was viewed quantitatively, and the perspective of the teacher licensing system, which is in Japan awarded on a subject-by-subject basis, was overlooked.

Finally, the author pointed out the need for theoretical considerations in order to envision the teacher licensing system as externa.

Les personnes morale suniversitaires nationales et la liberté académique et l'autonomie des universités: Basé sur l'indépendance des chercheurs

Takako ISHIKAWA
Kanazawa University

En avril 2024, les universités nationales deviendront des personnes morales universitaires nationales pour une durée de 20 ans. Le préjudice causé par la constitution en personne morale à la recherche et à l'enseignement universitaires n'est pas négligeable. Les universités nationales ont été dans un état de « délabrement »au cours des 20 dernières années, manque chronique de budget, réduction du temps de recherche, déstabilisation du statut des enseignants-chercheurs, etc.

Dans cet article, je retracerai le statut et le traitement des chercheurs du corps professoral dans les sociétés universitaires nationales, la révision des lois relatives à la gouvernance d'entreprise, etc., et j'examinerai comment la liberté académique et l'autonomie des universités sont érodées, essayer d'examiner ce que les universités et le corps professoral devraient faire pour établir la liberté académique et l'autonomie des universités.

Rethinking: Academic Freedom and University Autonomy in Private Universities

Yoshinori TAKATSU
Osaka University of Economics

The Ministry of Education, Culture, Sports, Science and Technology (MEXT) used part of the subsidies under the Law for the Promotion of Private Schools (1975) to control private schools through the Comprehensive Support Program for Private University Reform (2013) ("reform scoring"). Convinced of its effectiveness, the MEXT next introduced the "reform scoring" method within the private school subsidy system itself, which involves almost all private universities (2019). This is Appendix 9, "Percentage Increase/Decrease Based on Objective Indicators of Educational Quality," in the "Guidelines for Handling Private University Current Subsidies/Standards for Allocation of Private University Current Subsidies" by the Japan Association for the Promotion and Mutual Aid of Private Schools. The scoring based on this Appendix 9 has resulted in the involvement of school corporations in the educational activities conducted by faculty members. The author pointed out that Appendix 9 is a denial of academic freedom and university autonomy for private schools, and is suspected of violating the Constitution and the law.

《*Symposium*》

30 Years since the Ratification of the Convention on the Rights of the Child and the Qualitative Transformation of the Structure of the Education Legal System in Japan

Takuji ISHII
Nagoya University

The question this report addresses is why the situation of violations of children's rights in schools continues to persist (or even grow). Why are truancy and refusal to attend school in record numbers, and why has a new problem called 'teaching death' begun to emerge? Shouldn't the declining birth rate be seen as making the fierce competition for entrance examinations even more intense, rather than lessening it?

This report also points out that the background to this is the neoliberal reforms and the resulting problems of tight school finances, busy teaching staff and the increasing burden of private educational costs. The report also confirmed the structural introduction of the competitive educational environment envisioned by neoliberalism, including the transformation and alteration of the decision-making process within schools, the alteration of the Courses of Study themselves, the alteration of the positioning of educational objectives and learning assessment, the entrance examination system and various other systems.

Through the above, this report confirms and points out two points.

First, it is clear that curriculum planning through analysis of the actual situation of children and cross-curricular studies cannot be carried out by a single headmaster, but requires research and consultation with other headmasters, and it is obvious that the staff council is at the heart of this function.

Second, Article 12 of the Convention on the Rights of the Child and Article 11 of the Basic Law for Children call for ensuring that children have opportunities to express their views. Ensuring opportunities for children to express their views will naturally lead to improvements in the competitive educational environment that currently dominates schools, the poor working conditions of teachers and staff, and the improvement of educational conditions in schools.

The Current Situation of Local Children's Ombudsmen and Consultation Services Based on Children's Rights

Shizuka MAMIYA
(Attorneys)

In Japan, since the government has not established a domestic human rights institution, local governments have established Local Children's Ombudsmen through ordinances, a unique development in terms of the form of children's rights guarantees from an international comparative perspective. As of May 2024, these Children's Ombudsmen have been established in 48 local governments, providing individual relief, coordination, advocacy, and public awareness of children's rights. Local Children's Ombudsmen provide child-centered consultation services in accordance with the Convention on the Rights of the Child and local government children's ordinances. This paper confirms the activities of Local Children's Ombudsmen based on children's rights through an examination of activities at "Kokotoyo" established by Toyota City in Aichi Prefecture and "Nagomokka" established by Nagoya City.

Truancy and School Refusal Issues:
What Can and What Can't Be Done in Our Schools and Communities?

Naoki KUMAGAI
(Former teacher at a public high school in Niigata Prefecture)

In this paper, first, the author describes M High School, to which he was assigned in 1981, and how it was created as a night high school where about 70% of students who had refused to attend school were enrolled each year. Second, the paper discusses the suffering of the students he subsequently encountered at K High School (later reorganized as S High School) and the efforts of the teachers to guarantee the students' career paths. Then, the author will describe the high school that became a new hope by reorganizing as a credit high school against the crisis of school consolidation, and the efforts of the "Parents' Association for School Refusal" at the high school. Third, the paper will discuss the practice of the Kuma Room at High School B, where the author spent the last six years of his teacher life, and the author's relationship with M, who struggled with gender identity. Finally, the author argues that the betterment of schools based on the Constitution and the Convention on the Rights of the Child holds the promise of solving the problem of school refusal.

子どもの権利条約批准 30 年と教育法学の課題

2025 年 3 月 31 日 発行

| 編　　者 | 日本教育法学会 |
| 発 行 者 | 江 草 貞 治 |

〒101-0051
東京都千代田区神田神保町 2-17

発 行 所　株式会社 有 斐 閣
https://www.yuhikaku.co.jp/

Ⓒ 2025．日本教育法学会．Printed in Japan
落丁・乱丁本はお取替えいたします．
制作　株式会社有斐閣学術センター
印刷・製本　精文堂印刷株式会社

[JCOPY] 本書の無断複写（コピー）は、著作権法上での例外を除き、禁じられています。複写される場合は、そのつど事前に（一社）出版者著作権管理機構（電話03-5244-5088, FAX03-5244-5089, e-mail：info@jcopy.or.jp）の許諾を得てください．

ISBN 978-4-641-22883-2

日本教育法学会年報既刊一覧

第1号	教育権保障の理論と実態	(1972)		品切
第2号	教育権理論の発展	(1973)		品切
第3号	国民の学習権と教育自治	(1974)		品切
第4号	地域住民と教育法の創造	(1975)		品切
第5号	戦後教育と憲法・教育法	(1976)		品切
第6号	学習権実現の今日的課題	(1977)		品切
第7号	教育基本法30年と教育法学	(1978)		品切
第8号	公教育と条件整備の法制	(1979)		品切
第9号	子どもの権利と教育法	(1980)		品切
第10号	80年代教育法学の展望	(1981)		品切
第11号	現代教育政策と教育法	(1982)		品切
第12号	教育行政の動向と教育法	(1983)		品切
第13号	教育改革の動向と教育法	(1984)		品切
第14号	学校教育の理念と現実	(1985)		品切
第15号	「臨教審」教育改革と教育法	(1986)		品切
第16号	教育制度の改革と教育法	(1987)		品切
第17号	教育基本法40年の現実と課題	(1988)		品切
第18号	教育への権利と教育法	(1989)		品切
第19号	子どもの人権と教育権	(1990)		品切
第20号	新世紀への教育法学の課題	(1991)		品切
第21号	子どもの権利条約と教育法	(1992)		品切
第22号	教育の公共性と教育への権利	(1993)		品切
第23号	学校五日制と教育改革	(1994)		品切
第24号	国際化時代と教育法	(1995)		品切
第25号	教育参加と子どもの権利条約	(1996)		品切
第26号	戦後50年と教育法学	(1997)		品切
第27号	教育基本法五〇年	(1998)		品切
第28号	教育改革と地方分権	(1999)		品切
第29号	教育立法と学校自治・参加	(2000)		品切
第30号	教育法制の再編と教育法学の将来	(2001)		品切
第31号	「教育改革」と教育基本法制	(2002)		品切
第32号	教育法制の変動と教育法学	(2003)		品切
第33号	教育における〈国家〉と〈個人〉	(2004)		品切
第34号	教育における公共性の再構築	(2005)		品切
第35号	教育基本法改正の動向	(2006)		品切
第36号	教育基本法体制の危機と教育法	(2007)		品切
第37号	新教育基本法と教育法学	(2008)		品切
第38号	新自由主義教育改革と教育三法	(2009)		品切
第39号	子どもと教師をめぐる教育法学の新課題	(2010)		品切
第40号	教育法学40年と政権交代	(2011)		品切
第41号	教育の国家責任とナショナル・ミニマム	(2012)		品切
第42号	「不当な支配」と教育の自由	(2013)		品切
第43号	教育の政治化と子ども・教師の危機	(2014)		品切
第44号	新教育基本法と教育再生実行戦略	(2015)		品切
第45号	戦後70年と教育法	(2016)		品切
第46号	立憲主義の危機と教育法	(2017)		品切
第47号	憲法施行70年と教育法学の課題	(2018)		品切
第48号	教育における平等と「市民社会」	(2019)		品切
第49号	教育の「貧困化」と教育法	(2020)		品切
第50号	教育人権保障の到達点と課題	(2021)		品切
第51号	公教育の危機と再構築	(2022)		在庫僅少
第52号	教育政策と教育裁判の軌跡と新動向	(2023)		在庫僅少
第53号	学習権保障と教育行政の変容	(2024)		4,400円

購入希望の方は楽天ブックス(TEL0120-29-9625　FAX0120-299-635)宛お申し込み下さい。